카르마와 인연법

지혜와 통찰의 서

지혜와 통찰의 서

카르마와 인연법

초판 1쇄	2014년 11월 05일
4쇄	2022년 07월 22일

지은이	태라 전난영
발행인	김재홍
마케팅	이연실

발행처	도서출판 지식공감
등록번호	제396-2012-000018호
주소	서울특별시 영등포구 경인로82길 3-4 센터플러스 1117호(문래동1가)
전화	02-3141-2700
팩스	02-322-3089
홈페이지	www.bookdaum.com

가격	22,000원
ISBN	979-11-5622-048-0 13150

CIP제어번호 CIP2014030270
이 도서의 국립중앙도서관 출판시 도서목록(CIP)은 e-CIP 홈페이지
(http://www.nl.go.kr/ecip)에서 이용하실 수 있습니다.

ⓒ 태라 전난영 2022, Printed in Korea.

- 이 책은 저작권법에 따라 보호받는 저작물이므로 무단전재와 무단복제를 금지하며, 이 책 내용의 전부 또는 일부를 이용하려면 반드시 저작권자와 도서출판 지식공감의 서면 동의를 받아야 합니다.
- 파본이나 잘못된 책은 구입처에서 교환해 드립니다.

지혜와 통찰의 서

카르마와 인연법

지은이 태라 전난영

지식공감

KARMA

서문

"지금 시대를 살고 있는 당신은 가문의 대리자이며
당신 가문의 한(恨)을 마지막으로 종결하는 사람이다."

　인생이 힘든가? 무엇이 가장 힘든가? 당신을 힘들게 하는 것은 무엇인가? 사람인가? 돈인가? 진로인가? 사람마다 자신을 힘들게 하는 장애물 같은 것이 하나씩 있다. 어떤 이는 사람 때문에 괴로워하고, 어떤 이는 돈 때문에 괴로워하고, 어떤 이는 질병 때문에 괴로워하고, 어떤 이는 자식 때문에 괴로워한다. 사람마다 괴로움의 종류는 다 다르지만 누구나 넘어야 할 장애물은 하나씩 존재하기 마련이다.
　지구에 태어난 이상 물질지구에서 겪어야 할 체험은 반드시 주어진다. 각자 담을 수 있는 그릇 크기만큼의 체험이 주어지고 그 과정을 극복하면서 인간은 진화, 발전해 나간다.

　인간이 세상을 살면서 가장 알고 싶어 하고 호기심을 느끼는 분야는 바로 '자신'이다. 끊임없이 자신을 탐구하고 자신을 알아가는 것이 우리 인생의 최종 목표이기도 하다. 세상의 모든 사람들은 저마다 배워야 하는 깨달음의 과정을 거쳐야 한다.

자신의 안위만을 위해서 사는 인생은 동물의 삶과 다르지 않다. 인간은 혼의 진화 목적을 위해서 살고 있는 것이며, 물질적으로 무언가를 이루는 것만이 전부가 아니라 혼의 측면에서 이루어야 하는 숙제도 있다. 이것을 깨닫지 못하면 영의 발전 없이 의식은 계속해서 추락하고 만다. 인간은 누구나 자신에게 할당된 목적과 숙제가 있으며 인간 개개인의 경험과 기억들은 다시 지구의식으로 통합이 된다. 누군가는 사건의 주체가 되기도 하고, 누군가는 사건의 객체가 되기도 하며, 누군가는 관찰을 하면서 공부를 하기도 한다.

이 지구란 장소는 깨달음을 위한 교화 장소와 같은 곳이며 인간의 육체는 영이 가두어진 교도소와 같다. 지구에서의 삶이 그저 살다 가는 것이 아니라 체험의 정보를 얻기 위한 것이기 때문에 각자의 체험은 전체의 정보 속에 통합, 흡수된다. 인간에게는 누구나 한 가지씩의 미션이 주어지기 마련이다.

지금 시대를 살고 있는 당신은 당신 가문의 대리자이면서 당신 가문의 한(恨)을 마지막으로 종결하는 사람들이다. 얽힌 타래를 풀듯 카르마에 얽힌 고리를 풀어내고 다시 새로운 틀을 엮어가는 시대가 도래하였다. 한 사람, 한 사람에게 부여된 체험의 정보는 매우 소중한 정보들이다. 그렇기에 인간은 매 순간 자신이 누구인지, 무얼 해야 하는지에 대해 고민하고 걱정하는 것이다.

KARMA

　매 순간 깨달으면서 혼의 완성을 이루어 가는 곳이 바로 이 지구이다. 처음 발생한 모순은 점점 불어나 걷잡을 수 없이 커져왔고 이제는 그 모순을 바로잡아갈 수 있도록 서로서로 노력을 해야 하는 시기에 다다랐다. 이 모순을 바로잡기 위해 우리는 각자 자신이 타고난 모순을 바로잡아야 하는 의무가 주어진다. 그것이 바로 자신이 풀어야 하는 영혼의 숙제, '카르마'이다.

　우리 모두는 한 개 이상의 '카르마'를 가지고 태어난다. 각자 이번 생에 깨달아야 할 영적과제를 알아채고 그 안에서 자신이 깨달아야 할 것을 아는 순간 자신의 인생이 이해가 되고 자신과 연관된 주변 사람들이 이해되기 시작한다. 이것이 '변화'의 시작이다. 변화는 나로부터 시작되며 내가 변하면 주변의 인연들도 변하기 시작한다. 이렇게 나부터 조금씩 변화를 이끌어 내야 세상이 변할 수 있는 것이다. 변화를 하려면 나를 알아야 한다. 나의 문제점이 무엇인지, 나의 고집과 관념은 어떤 것인지, 나를 이해해야 상대가 보이고 상대가 이해되는 법이다.

　자신의 카르마가 무엇인지, 그 카르마의 목적이 무엇인지 알기만 해도 이번 생에 본인에게 세팅된 모든 환경과 인연들의 의미를 알아챌 수가 있다. 자신이 가지고 나온 '카르마'만 알아도 종교나 영성을 맹신하지 않게 된다.

　자기 자신이 이해가 되지 않기 때문에 자신을 이해시켜줄 누군가를 찾게 되는 것이다. 자신이 스스로가 이해가 되었을 때, 그때 비로소 카르마는 진정되기 시작한다. 의문이 풀리지 않으면 이 단체, 저 단체 계속 기웃거리며 공부를 해야 한다. 그래서 자신의 카르마를 제대로 알 때 분별력이 나오는 것이고 분별력이 있을 때 바른 선택을 할 수가 있는 것이다.

카르마를 알면 자신이 이해가 되고, 내가 이해가 되면 남이 보이고, 남이 보이기 시작하면 상대가 이해되는 것이며, 나아가 이 사회의 의미를 알아채게 되는 것이다.

이 책을 쓰게 된 이유는 사람들이 자신에게 할당된 숙제와 같은 카르마를 알고 스스로를 묶고 있는 관념의 틀을 내려놓음으로써 정신의 진정한 해방을 누리기 바라며, 스스로 자신의 삶과 인생을 이해하기 바라는 마음에서 이 책을 집필한다.

- 태라 전난영 -

목차

서문 … 4

1장 카르마

- 카르마란? ··· 15

- 카르마 시초 ·· 20
  카인의 표식과 카르마

- 카르마 강도 ·· 25

- 카르마 세팅 ·· 28

- 카르마가 현재진행 중인 사람 ································· 32
  주제 파악과 욕심

- 카르마 법칙 ·· 39
  대물림의 법칙 (카르마는 유전된다) / 영의 법칙 (카르마는 되돌림된다) / 인과응보의 법칙 (뿌린 대로 거둔다) / 유유상종의 법칙 (같은 기운을 끌어당긴다) / 반복의 법칙 (카르마는 반복된다)

- 카르마의 종류 ·· 51
  부모 카르마 / 배우자 카르마 / 자식 카르마 / 형제 및 친척 관련 카르마 / 재물 카르마 / 직장 카르마 / 질병 카르마 / 감금 카르마

- 카르마의 특징 ·· 79
  에너지 쟁탈전 / 카르마가 센 사람이 성적 끌림도 강한 편이다 / 카르마의 강제집행 / 카르마의 시작과 마지막 (뫼비우스)

- 카르마 종결자 ·· 88
  약사도인과 연금술사 / 상담자 (카운슬러) / 카르마 종결자는 시조가 되라!

- 카르마와 윤회 ·· 99
  윤회의 비밀 – 뿌린 대로 거두리라! / 레테와 무네모시네 – 지구영계시스템 / 환생과 영혼의 진화

- 세대별 카르마 ·· 109
  세대별 카르마와 세대별 역할 / 30대의 역할과 카르마 / 20대와 50대의 마인드 차이

- 음양의 카르마 ·· 119
  한반도의 음기와 한반도 여자 / 물질과 정신의 담당자

- 국가적 카르마 ·· 128
  6·25 전쟁의 영적인 의미는 '새로운 물질판 짜기' / IMF의 영적인 의미는 '하늘의 도수 맞추기' / 대한민국의 카르마와 위대한 유산

목차

2장 인연(因緣)

- 만남과 이별 139
  만남과 이별, 탄생과 죽음 / 회자필반(會者定離), 거자필반(去者必返) / 우연, 필연 / 귀인

- 카르마의 인연 146
  카르마의 인연 / 상생의 인연, 상극의 인연 / 끌림과 자력의 에너지

- 선연, 악연 155
  인생이라는 퍼즐 맞추기 / 첫눈에 반한 인연은 악연인 경우가 대부분이다 / 인연으로 인해 인생의 방향이 달라지기도 한다 / 악연을 만나는 것에는 그 이유가 있다

- 이별하는 법 162
  떠난 사람은 붙잡지 말자 / 사랑하는 사람을 떼어 놓을 때 / 남겨진 것이 많으면 떠나기가 힘들다 / 죽음을 대하는 우리의 자세 / 죽음의 방법

- 영혼의 짝, 소울메이트 170
  소울메이트도 찢어지면 원수다 / 쌍둥이 불꽃과 소울메이트에 관하여

- 인연과 환경 176
  기운은 전염된다 / 안 쓰는 물건은 미련 없이 버려라 / 자기 환경은 자기가 만든다 / 현실도피와 영성

- 운(運)과 인연 ──────────────────────── 185
  팔자는 타고나고 운은 개선하는 것이다 / 운의 흐름 / 운과 머피의 법칙 / 흥하는 인연, 망하는 인연 / 운이 안 좋을 땐 선택하지 말라 / 상승운

- 전생과 인연 ──────────────────────── 199
  전생과 인연의 세팅 / 전생과 별빛 네트워크 / 제 전생을 알고 싶습니다

- 인연과 인연 ──────────────────────── 207
  이성을 선택할 때 / 그 사람을 만났더라면? / 두 세계가 만날 때 / 급이 차이가 나는 인연이 만날 때

- 인연과 사랑의 에너지 ───────────────── 214
  변화와 개과천선 / 사랑은 사람을 바뀌게 만든다 / 첫사랑의 메커니즘

- 결혼과 인연 ──────────────────────── 218
  탄생과 결혼의 의미 / 청실홍실 / 이 사람과 결혼해도 될까요? (가정환경) / 이 사람과 결혼해도 될까요? 2 (상대방의 근기) / 이 사람과 결혼해도 될까요? 3 (상대방의 배울 점) / 결혼의 조건 / 불륜의 메커니즘 / 진보 남자와 보수 여자가 만날 때

- 가문과 격 ──────────────────────── 234
  사람의 격(格) / 가문의 격(格) 1 / 가문의 격(格) 2

- 분열과 융합의 메커니즘 ─────────────── 243
  핵융합을 통해서 바라본 남북한 관계 / 핵에너지를 통해서 본 일본과 한국의 관계 / 핵분열과 핵융합을 통해서 바라본 남녀 관계 / 봄, 여름, 가을, 겨울, 그리고 봄, 순환의 이치 / 과유불급 – 지나침은 못 미침과 같다

맺음말 … 254

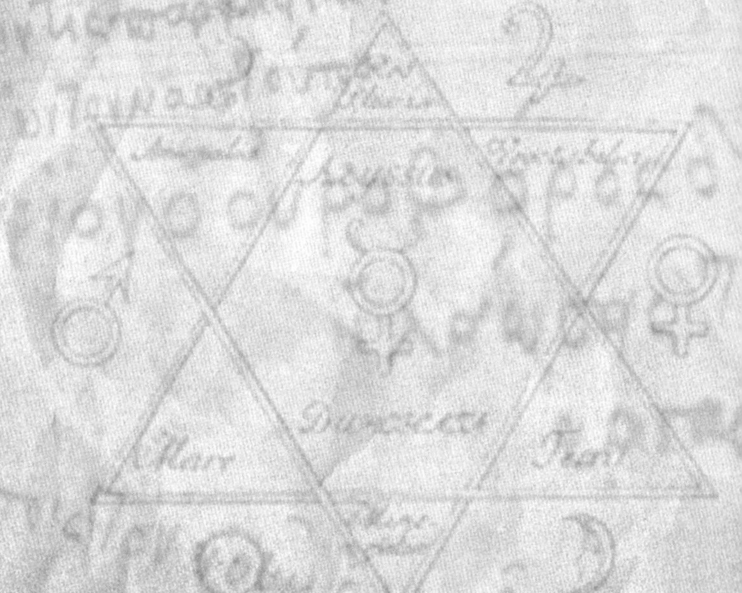

1장
카르마
KARMA

"처음 문을 연 자가 마지막 문을 닫는다."

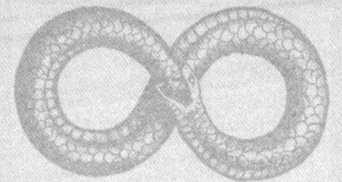

카르마란

불교에서 카르마(Karma)란 업(業)이라고도 하며, 몸과 입과 마음으로 짓는 선악의 소행이라고 표현한다. 카르마를 한마디로 규정한다면 **원인과 결과의 법칙**이라고 할 수 있다. 최초 원인이 되는 행위가 쌓이고 쌓여 임계치에 이르면 눈에 보이는 물질적 결과로 나타나는데, 이것이 카르마가 발현되는 것이다. 임계치에 이른다는 것은 정보가 차올라 재편성, 재창조가 되는 시점을 말한다. 차곡차곡 쌓인 정보는 어느 순간 통합되는 시점이 온다. 이 통합의 시점에 터져 나오는 물질적 결과가 카르마이다. 에너지 상태는 눈에 보이지 않지만 에너지가 차올라 물질화가 되었을 때는 이미 돌이키기에 너무 늦어버린다.

자신이 행한 안 좋은 행위가 쌓이고 쌓여 임계치에 다다르면 사건 사고가 발발하고, 자신이 행한 좋은 행위가 쌓이고 쌓이면 좋은 결과를 낳는 것이다. 에너지가 임계치에 다다르면 새로운 질서가 탄생된다.

카르마라는 것은 뿌린 대로 거둔다는 자기 행위에 대한 결과이자 책임이기도 하다. 처음 한 행위에 조금씩 오류가 생기고 오류가 쌓이고 쌓여 어느 순간 완전으로 돌아가기 위한 U턴을 하는 순간이 생긴다. 모순과 오류가 쌓이고 쌓여 물질화되어 나타나는 결과적 행위를 '카르마'라고 하며, 카르마의 최종 목적은 불완전을 완전으로 돌려놓기 위한 하나의 사건 수습 과정인 셈이다.

 사건이 물질화되어 나타나는 순간, 그때야 비로소 문제점을 인지하고 사건을 수습하고자 하는 액션에 들어간다. 하지만 사건이 눈에 보이는 순간, 이미 때는 늦었고 카르마는 걷잡을 수 없이 소용돌이치게 된다. 그다음은 직접 몸으로 부딪치면서 깨닫는 수밖에 없다. 무언가 잘못되었음을 인지하는 순간부터 모순점을 해결하려는 움직임이 시작되는데, 이 시점이 불완전을 완전으로 돌려놓겠다는 의지의 발현이 생기는 시점이다. 즉 스스로 깨닫는 시점이 U턴하여 돌아가는 시점이 된다. 카르마는 지구상에 육체를 입은 모든 인간에게 주어지는 임무와 같은 것이다.

 카르마라는 말 외에 '다르마(Darma)'라는 불교적 용어가 있다. 카르마가 자신이 한 행위에 대한 결과로 책임을 져야 하는 빚과 같은 것이라면 다르마는 카르마를 치르고 난 뒤 자신에게 할당된 역할이나 사명을 이야기한다.

 하나의 원으로부터 최초 원인이 발생하여 원의 절반쯤에 이르면 다시 회귀하려는 속성이 발생한다. 이 시점이 카르마를 해원하는 시작점이며 U턴의 점이기도 하다.

처음 시작부터 반원까지는 모순이 생기는 시대였다면 U턴하는 지점부터 최초 시발점에 도달하는 순간까지는 해원의 시대가 된다. 따라서 불완전을 완전으로 돌려놓는 행위, 불균형을 균형으로 맞추어 놓는 행위를 '카르마를 갚는다'라고 표현한다. '준 만큼 되돌

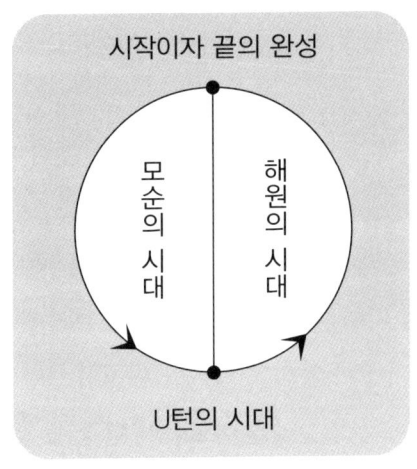

려낸다'라는 뜻이다. 카르마란 −1만큼 빼앗으면 +1만큼 주어서 0으로 돌려놓는 행위로 생성된 모순을 바로잡아 원래대로 되돌려 놓는 행위이다.

이 지구란 곳은 이제까지 모순을 생성해왔다면 이제는 모순을 바로잡아 완성으로 가는 시대를 맞이하고 있다. 이렇게 쌓인 모순들은 에너지 흐름을 막고 카르마 덩어리를 만드는데, 그것이 바로 업(業)이라는 것이다. 업은 해소되지 않으면 다음 생에도 이어지는데 깨달을 때까지 수레바퀴 속을 계속 돌게 만든다.

인간의 행동은 한 번 하고, 두 번 하고, 세 번을 반복하면 습관이 되는데, 무의식적으로 한 번 했던 행동은 반복하려는 습관이 있다. 무의식적으로 같은 행동을 계속 반복하다 보면, 여기에서 조금씩 생기는 모순점들이 점점 불어나 사건으로 치고 들어오는데 사건은 곧 이 모

순을 바로잡으라는 시그널이다.

   카르마는 내 대에서 끝나는 것이 아니라 아래 자손에게도 이어지는데, 내가 못 푼 카르마의 짐은 고스란히 자식에게 물려지고 자식도 자신과 비슷한 삶을 살게 되는 경우가 많다. 따라서 무의식적으로 반복되는 패턴 속에서 자신의 모순점을 발견하는 것이 바로 깨달음이다. 자신이 자신의 행위를 인지하는 순간부터 그 행위는 반복되지 않고 점차 모순점을 바로잡아 나갈 수 있다. 이것이 해원의 기본이다. 해원이 되었다는 것은 줄 것은 주고, 받을 것은 받아 영적 채무를 0의 상태로 만들어 놓는 것을 뜻한다. 더 이상 원도 한도 없는 0의 상태가 해원이다.

   사람과 사람의 관계성 속에서 우리는 카르마라는 연결고리로 연결되어 있는데, 카르마가 해소되면 복잡한 인연의 고리 또한 풀리게 된다. 감정의 얽힌 고리가 풀리게 되면 자연스러운 관계가 형성되며, 이때부터 인연은 새롭게 발전된 관계성을 맺을 수 있다. 인연과 인연으로 엮어진 카르마가 해소되어, 서로 간의 역할을 끝내고 나면 자연스럽게 헤어지거나 좀 더 편안한 관계를 유지할 수 있다.

   카르마는 일종의 영적인 빚이다. 예를 들어 돈을 꾸고 갚지 못하면 불편함이 지속되고 상대와 채무관계로 묶이게 된다. 하지만 돈을 갚고 나면 비로소 묶인 고리가 풀린다. 이처럼 카르마는 에너지적인 빚이라고도 할 수 있다. 꾼 사람도, 빌려준 사람도 이 상황이 청산될 때까지 마음의 불편함을 겪게 된다.

  카르마는 저항할수록 더욱 옥죄어 오기 때문에 순리대로 고집을 내려놓고 스스로 변화해 나가야 한다. 개개인 가정의 카르마는 다시 전체 사회로 연결되고, 이 연결은 또다시 가정에 영향을 미친다. 근본적인 문제가 해결되지 않는 한 돌고 도는 수레바퀴 속에서 허우적댈 수밖에 없다. 이제는 자신에게 할당된 영적인 빚의 채무를 갚고 자신의 모순점을 바로 돌려 서로가 서로에게 상생할 수 있는 관계를 만들어 나가길 바란다. 카르마가 해소될 때, 삶이 안정되고 편안해지는 법이다.

카르마 시초

카인의 표식과 카르마

 카르마는 엉킨 실타래와 같다. 최초의 잘못 엉킨 부분을 바로 풀지 못하면 다음엔 속수무책으로 더욱 엉켜버리기 때문에 풀기가 매우 어렵다. 따라서 카르마란 최초 원인을 잡아야 문제가 풀릴 수 있다. 나의 문제는 나만의 문제가 아니라 내 가족과 얽혀 있고, 내 가족의 카르마는 국가 카르마와 연결되어 있으며, 국가 카르마는 인류카르마와 엮여 있다.
 나를 알려면 부모를 보면 되고, 부모를 알려면 조부모를 보면 된다. 지금을 살고 있는 우리는 조상의 복제품으로 모순의 모순을 안고 태어나 나에게 할당된 카르마적 빚을 갚아야 하는 승계적 의무가 발생한다. 그래서 현재를 살고 있는 이들만이 카르마를 풀 수 있는 법이다.

 성경에는 카르마의 시초적인 인물로 카인이 등장한다. 농사를 짓던 카인은 땅의 소산으로 제물을 삼아 여호와께 바쳤고, 양치기였던 아벨은 양의 첫 새끼를 제물로 삼아 여호와께 올렸으나, 여호와는 아벨의 제물만 받았다. 이에 마음이 상한 카인은 아벨을 시기하여 죽이고 여호와로부터 추방을 당하는데, 여호와는 그에게 표식을 주어 아무도 카인을 죽이지 못하게 하였다. 즉 카인은 여호와의 보호를 받으며 인류의 감추어진 임무를 수행하게 된 것이다. 이것이 성경에서 말하는 최초 카르마의 시작이기도 하다. 카인의 표식에 관한 이야기는 헤르만 헤세의 [데미안]에 잘 나타나 있다.

물론 아담과 이브가 에덴동산에서 쫓겨난 이후부터 카르마 시스템이 가동된 것이긴 하지만 카르마의 최초 발현은 카인으로부터이다.
아담과 이브로부터 시작된 모순의 결과물은 카인이 아벨을 죽이는 사건으로 물질화되어 나타났기 때문이다.

카인과 아벨은 음양이다. 양은 에너지 발산이고 음은 에너지 수렴인데 양은 에너지를 촉발시키기도 한다. 카인으로부터 시작된 모순의 행위는 후대로 내려가면서 사자(使者-하늘 임무를 수행하는 에너지 촉발자)들을 탄생시켰다.

그런데 여호와가 카인과 아벨, 둘 모두의 제물을 받아주었더라면 이런 상황은 연출되지 않았을 텐데, 왜 아벨의 것만 받음으로 인해 카르마를 촉발시켰을까? 땅의 소산물을 먹든, 양의 새끼를 먹든 무언가를 받아들이는 것은 받는 사람 선택의 문제인데 아벨의 제물만 받아들였다고 해서 카인은 심히 안색이 변하였다. 이에 여호와가 왜 안색이 변하였느냐고 물으면서 잘못한 것이 있기 때문에 안색이 변한 것이 아니냐고 말했다.

여호와의 말을 보면 마음이 상한 카인의 잘못이라는 것을 나타내 준 것인데, 카인의 안색이 변하였다면 이것은 카인의 내면에 오랫동안 도사리던 불만이 제사를 드리면서 터져 나왔다는 것이다.

여호와의 말을 자세히 살펴보면 마음이 불편하고 안 좋은 사람이 무언가 쌓인 불만이 더 많음을 나타내 준 것이다. 불만은 모순의 에너지가 쌓인 상태로, 언젠가는 터져 나올 수 있는 불완전한 에너지 상태이다. 예나 지금이나 제사는 싸움의 원인을 제공하는 단초가 되어왔다.

성경에는 사건의 전후 설명이 미약한데, 나그함마디 문서의 [요한의 비밀의 서]에는 우두머리 아르콘(뱀)이 이브를 유혹하여 그녀에게서 두 아들을 낳았고 이들의 이름을 카인과 아벨로 불렀다고 한다. 우두머리 아르콘 때문에 성관계가 지속되었고, 아담에게 속한 여인 속에 성적 욕망을 심어 놓았으며, 성관계를 통해서 육체의 복제물을 만들어냈고, 그들에게 자신의 적대하는 영을 불어넣었다는 이야기가 있다.

남녀는 서로 반대되는 에너지를 가지고 있다. 자신과는 전혀 다른 반대의 에너지를 받아들여 생산해낸 복제품인데, 설령 그 복제품이 원수의 자식일지라도 자신의 몸에서 나온 복제품이기 때문에 자신의

몸만큼이나 사랑을 하게 만드는 묘한 시스템이 장착되었다. 즉 성관계를 통한 육체의 복제물 속에 자신이 적대하는 영을 불어넣었다는 이야기는 카르마의 핵심을 잘 설명해 놓았다. 악연끼리 카르마가 세팅될 수 있는 시스템이 만들어진 것이다. 그래서 이러한 카르마 고리를 끊으려면 예수의 말처럼 '원수를 사랑하라'라는 말이 그 해답일 것이다.

또한 나그함마디 문서의 [요한의 비밀의 서]에 보면 아르콘과 이브의 자식인 야훼와 엘로힘이 아벨과 카인으로 둔갑한 것이라고 말한다. 야훼는 불과 공기를 다스리고, 엘로힘은 물과 땅을 다스린다고 나타나 있다. 불과 공기는 위로 뜨는 하늘기운이고 물과 땅은 아래로 가라앉는 땅기운이다. 즉 하늘기운이냐 땅기운이냐로 나뉘는데, 하늘의 기운줄은 야훼로 연결되어 있고 땅의 기운줄은 엘로힘으로 연결되어 있으며, 야훼는 아벨로 대치되고 엘로힘은 카인으로 대치된다. 때문에 야훼가 아벨의 제사만 받아들인 것처럼 묘사되고 있다. 즉 에너지 기운이 서로 상반되어 있는데, 상반된 기운이 서로 반대 성에게 들어가 상호·보완되면서 완전을 찾아가기 위한 하나의 과정이라고 보면 될 것이다. 이 카르마라는 것도 일종의 완전을 찾아가는 여정인 것처럼, 불완전함을 완전으로 돌려놓는 에너지 회복의 과정인 것이다.

카르마 강도(强度)

지구살이에는 스토리가 있다. 인간으로 태어난 순간, 낳아준 부(父)와 모(母)가 존재하고 태어나자마자 부모 자식 간의 관계성을 처음으로 형성하게 된다. 부모 자식 간의 관계는 자신이 싫다고 해도 어쩔 수 없는 일이다. 물질지구에서는 부모가 아이를 선택하는 것처럼 보이지만 영적으로 보자면 아이가 부모를 선택하는 것이다. 그래서 그리스 신화에서는 큐피드가 어린아이로 상징되며, 아이가 사랑하는 연인을 연결시켜주는 것으로 나타난다. 자신의 부모 연을 연결하는 것이 아이라는 뜻인데, 아이는 처음 태어날 때 자신의 복록을 찾아 들어온다. 복록이 없다면 그만큼 없는 부모를 찾아 들어오고 복록이 있다면 그만큼 있는 부모를 찾아 들어올 것이다. 자신이 이번 생에 받아야 할 복록이 초년에 세팅되어 있다면 잘사는 부모 밑에 태어나게 될 것이다.

부모와 자식이라는 관계가 형성되는 순간 스토리는 만들어진다. 예를 들어 유복자(遺腹子)로 태어나면 한 인간으로서 사연 많은 스토리가 펼쳐진다. 태어나자마자 고아원에 버려지는 경우도 사연이 깊은 스토리이다.

지구란 곳은 체험의 장이기도 하며 영혼 성장의 장(場)이기도 하다. 인간사 체험과 사연들은 너무나 다양하고 각각의 스토리와 사연들 모두가 당사자들에게는 상당히 힘들고 어렵다. 어느 체험 하나, 어느 카르마 하나, 결코 만만하고 쉬운 것이 없다. 그 각각의 사연들을 일일이 나열할 수도 없을뿐더러 어느 하나 쉽다고 단언할 수도 없다.

예를 들어 부모에게 강하게 종속되어 있는 사람이 부모에게 눌려 자신이 하고 싶은 일을 제대로 못하고 있다면, 이는 어릴 때 고아원에 버려진 이의 카르마보다 좋다고 말할 수 없다. 부모의 폭력 속에 자란 아이는 차라리 부모가 없어져 버렸으면 하는 생각을 품을 테고, 부모 없이 태어난 아이는 때리는 부모라도 있었으면 하는 생각을 품을 것이다. 카르마는 그만큼 상대적이며 어느 카르마건 간에 쉬운 것은 없다.

상대적인 환경에 놓인 사람이 "나는 너처럼 좋은 환경에서 자랐다면 불만이라도 없겠다"라고 한다면 이는 상대의 어려움을 모르기 때문에 나오는 이야기이다. 특정 상황에 특정 카르마가 노출이 되면 사람을 미치게 만들기 때문이다.

모든 카르마의 강도(强度)는 그 사람이 견딜 수 있는 만큼만 들어오며, 신분이 높든 낮든 간에 카르마는 신분과 처지를 가리지 않고 사람을 조여 온다. 그래서 지구란 곳은 다양한 사람들이 각자의 스토리와 다양한 체험으로 살아가는 공간이다. 사람마다 겪어야 할 체험의 스토리는 다 다르며, 그 강도 또한 다르게 느껴지는 법이다.

전체가 느껴야 하는 것이 있고, 개인이 느끼고 체험해야 하는 것이 있다. 부자가 겪는 카르마가 쉬울 것 같아 보여도 절대 쉽지 않으며, 힘없는 자가 겪는 카르마 또한 부자의 카르마보다 강도가 더 높다 할 수 없다. 카르마는 의식 수준과 기운의 크기에 맞게 들어오기 때문이다.

카르마의 고된 강도는 단순히 수학적으로 측량할 수 없으며 개개인이 처한 상황에 맞게 고난이 들어온다. 좀 더 쉬운 말로 하늘은 그 개인이 감내하기 어려운 카르마를 주지 않는다는 의미이다. 딱 감내할 수 있을 만큼만 카르마를 준다. 또한 각자가 처한 상황에 맞게끔 그 강도가 주어지기도 한다. 명심하라! 당신의 카르마는 당신만이 견딜 수 있고 이겨낼 수 있으며 아무도 당신 삶을 대신 살아주지도 않는다.

카르마 세팅

인간은 지구에 태어날 때 사주를 갖고 나온다. 저마다 타고난 프로그램을 가지고 태어난다고 표현할 수 있다. 우리 인간은 태어난 순간부터 죽을 때까지 본인의 프로그램대로 나아가게 되고, 그 속에는 수많은 체험과 본인이 만나야 할 인연들이 세팅되어 있다.

밑그림(프로그램)은 각자 타고나고, 채색은 자유의지로 이루어진다. 또한 개인이 겪어야 할 체험과 사회적 체험, 그리고 국가적으로 겪어야 할 체험이 있는데 국가적 체험에는 전쟁이나 국가부도 같은 IMF 사태가 있을 수 있다.

예를 들어 재물 복이 좋은 사람이 전쟁이라는 국가적 체험을 겪게 되면 전쟁이 기회가 되어 돈을 버는 사람이 있는가 하면, 전쟁으로 이동수가 생기는 사람이 있고, 전쟁 통에 죽는 사람 또한 존재한다.

전쟁은 인간의 카르마를 만드는 커다란 사건 중의 하나로, 인연과 인연을 갈라놓고 사람을 이동시키며 사람에게 한(恨)이라는 에너지를 생성시킨다. 국가적 카르마인 전쟁이라는 사건은 그 나라에 속한 개개인에게 큰 영향을 미치기 때문에 개인은 국가적 흐름을 따라가게 되어 있다.

이 모든 체험들은 큰 틀에서 각자가 가지고 나온 프로그램대로 겪게 되고 인간은 그 체험을 통해 깨달음을 얻게 된다. 이것이 우리가 지구에 태어나는 근본적인 이유 중 하나이다.

각자가 성취해서 이루어야 할 것이 있고 국가가 이루어야 할 것이 있는 것처럼 각자의 깨달음은 전체로 모아지고 전체의 깨달음은 우주로 귀속된다. 따라서 그 과정에서 수많은 체험과 사건 사고가 존재하게 된다. 인간사가 고달픈 이유는 이런 고된 체험들이 있기 때문이며 모두 카르마로 엮여 있고 세팅되어 있다.

우리의 카르마라는 것이 참으로 불공평한 듯 보이지만 한 치의 오차 없이 공평하게 세팅되어 있다. 카르마는 각자의 근기에 맞게 세팅되어 있으며 누구에게나 반드시 넘어야 할 장애물들로 세팅되어 있다.

이 카르마라는 장애물은 자신을 단련시키는 장애물인데, 사람들은 왜 나에게 이런 장애물이 있느냐며 자신의 운명을 한탄하곤 한다. 하지만 이러한 장애물이 있어야 다음에 오는 장애물을 쉽게 넘을 수 있고 자신의 근기는 점점 커져 간다. 이것을 자신은 잘 인지하지 못하지만 주변 사람들은 그가 갑자기 성장한 사람처럼 느낄 것이다.

아무리 좋아 보이는 삶이라 할지라도, 그 안에 감추어진 고민과 고통이 있으며 각자에게 할당된 크기만큼의 시련이 주어지는 법이다. 물론 전생에 지은 복록에 따라 현생에 누리는 복록은 차이가 나겠지만, 이 또한 자신이 지은 업보의 결과물이다. 현재 자신에게 주어진 것들을 얼마나 어떻게 값지게 쓰느냐에 따라 한 사람 인생의 완성도가 달라진다.

• 자유의지로 닥쳐올 카르마를 막을 수 있을까?

사람들은 인간에게 자유의지가 있다고 착각한다. 자신이 의지를 가지고 노력을 하면 무엇이든 극복할 수 있다고 생각하지만 자신의 의지가 아니라 **인생 최고의 약은 시간**이다. 시간은 아픔을 무디게 만들고 다음 단계로 넘어가게 만든다.

자신에게 닥칠 일을 미리 알면 충격파를 완화할 수는 있지만 다가오는 사건을 완전히 막을 순 없다. 자유의지로 막을 수 있는 것이 아니라 자신이 쌓아온 습의 결과이기 때문에 자신이 인지하는 순간 바꾸고 조정할 수는 있다. 사실 자유의지조차도 프로그램 내에서의 선택이다. 한마디로 표현하면 도화지에 밑그림은 이미 결정되어 타고나고 색채는 자유의지다.

우리의 인생은 한편의 영화와 같다. 각각의 개인은 자신의 인생 시놉시스, 즉 운명의 지도를 가지고 지구에 내려온다. 이번 생에 만들어진 인생이 독립영화라면 다음 생에는 같은 줄거리로 더욱 세련된 영화가 탄생되는 것과 같다. 여러 번 태어나면서 자신의 모순을 고쳐 나가는 것이다.

처음 실패와 좌절을 겪으면 다음번에 똑같은 일이 닥쳤을 때는 이미 비슷한 경험을 해보았기 때문에 어느 정도 대비를 하고 받아들일 자세가 된다. 한번 겪어본 체험은 처음의 시련보다 충격파가 작게 느껴지는 법이다. 따라서 나이가 들면 들수록, 시간이 흐르면 흐를수록, 시련에 대해 더욱 굳건해지는 법이다.

카르마가
현재진행 중인 사람

　카르마가 한창 돌고 있는 현재진행형인 사람들이 주변에 있다면, 가급적 이런 사람들은 도와주지 말고 지켜보고 기다리는 편이 낫다. '어떻게 정도 없이 도와주지 말란 말인가?'라고 이야기한다면 한번 도와줘보라. 당신이 어떻게 되는지…….

　카르마가 진행 중인 사람은 태풍과도 같기 때문에 그 사람이 지나가는 자리는 초토화된다. 태풍의 진로는 잠시 피하는 것이 좋고 맞설 필요는 없다. 태풍이 형성된 사람에게 끌려 들어가는 순간, 당신 또한 파란만장한 인생의 소용돌이 속으로 들어가게 되는 것이며 당신이 해결해 줄 힘이 없다면 과감하게 손을 떼는 편이 낫다.

　카르마가 세고 카르마가 한창 힘 있게 돌고 있는 사람은 태풍이나 다름없고 그의 세력권 안에 들어가면 휩쓸려 버린다. 이런 사람들은 다른 사람들의 말이 귀에 잘 들어오지도 않을뿐더러 본인이 원하는 답만을 듣기 원한다. 또한 애써 조언을 해주면 일이 잘 안 되었을 때 그에 대한 책임을 상대에게 전가하기도 한다. 즉 남 탓을 한다는 것이다. 자신의 모자람을 돌아볼 겨를도 없을뿐더러 강한 피해의식이 고집처럼 감싸고 있는 형국이다.

한반도를 지나가는 태풍이 한반도를 벗어나면 힘이 약화되어 자연스럽게 소멸되듯이, 카르마가 센 사람은 그가 가는 진로방향에서 무수한 장애와 장벽을 맞닥뜨려 깨져봐야 힘이 소멸된다. 장애와 장벽은 그 길이 아님을 알려주는 지표이다. 카르마가 돌고 있으면 길이 아닌 곳에 들어가 길을 잃고 헤매며 되돌릴 생각을 못한다. 그래서 카르마가 센 사람은 혼자 자연 소멸하게끔 내버려둬야 한다. 감정의 극한을 거쳐 카르마가 자연소멸이 될 즈음, 그는 본래의 모습을 찾고 차분해진다. 벽에 부딪쳐봐야 길이 아닌 줄 알게 되는 법이며, 벽에 부딪칠 때 비로소 자신의 고집을 내려놓기 때문이다.

조언이나 상담은 이 무렵에 해야 가장 효과적이다. 태풍의 진로처럼 모든 것을 파괴시키면서 본인의 힘이 완전히 빠져야만 자기가 지나온 자리가 어떻게 되었는지 뒤돌아볼 수 있기 때문이다. 자신이 얼마나 무지하고 무식했는지를 깨달을 수 있다. 카르마가 태풍처럼 한창 돌고 있는 사람과 인연이 닿는 사람은 상대의 카르마 속으로 자연스럽게 끌려 들어가게 된다. 비슷한 인연끼리, 비슷한 파장끼리 끌리게 되어 있다.

카르마가 센 사람과 연을 맺는 순간 태풍 속으로 빨려 들어가는 형국을 맞이한다. 이때 운이 하락하는 사람은 상황 분별력이 떨어지면서 태풍 속으로 빨려 들어간다. 따라서 가급적 카르마가 센 사람과 업이 센 사람은 피하는 것이 좋다. 이런 사람들은 스스로 부딪치면서 스스로 깨달아야 한다. 직접적인 인연이 세팅된 사람은 본인이 거부해도 특정사건이 벌어지면서 본의 아니게 자동개입을 하게 된다. 그러나 카르마 당사자와 별 인연이 없는 사람은 발을 빼는 것이 좋다.

카르마가 센 사람은 태풍처럼 주변의 기운을 다 빨아들여 다시 태풍의 세력을 증폭시키면서 특정 인연을 향해 돌진하여 파괴시킨다. 한창 카르마가 도는 사람은 매우 감정적이고 제정신일 수가 없으며 주변을 볼 줄 모르고 오로지 자신밖에 보이지 않는다.

피해 의식은 더욱 증폭되며 가족을 비롯한 가까운 주변 사람들이 자신을 이해하지 못하면 바로 파괴의 속성이 나와 주변을 쓸어버린다. 가까운 사람들의 조언을 무시하고 귀신에 홀린 듯 자신이 무슨 짓을 벌이는지 전혀 인지하지 못하고 사건과 사고를 만든다. 말려도 안 된다. 야단쳐도 안 된다. 오히려 적반하장으로 공격을 해온다. 따라서 카르마가 태풍처럼 한창 위세를 발할 때는 피해야 하고 내버려 두어야 한다. 본인의 기운을 제어하지 못하고 착각을 깨뜨리지 않는 이상, 스스로 무덤을 파게끔 되어 있다.

카르마는 마약처럼 중독성이 강하고 피해 의식을 유발하며 이성을 멎게 만든다. 의식을 트랜스 상태로 몰아넣기 때문에 누가 뭐라고 해도 고집을 꺾지 않는다. "모진 놈(카르마가 센 사람) 옆에 있으면 돌 맞는다."라는 속담이 있듯, 삶이 무난한 일반인은 절대 태풍 속으로 들어가서는 안 된다. 어쩔 수 없는 사건으로 빨려 들어가더라도 빨리 빠져나와야 한다. 그래서 가급적 남 일에 참견해서는 안 된다는 말이 나오는 것이다. 주로 남 일에 개입할 때에는 동정심으로 빨려 들어간다. 정이 많은 사람이 남에게 잘 털리는 이유이기도 하다.

주제 파악과 욕심

카르마가 현재 진행 중인 사람은 빨리 주제 파악을 해야 한다. 자신에 대한 바른 판단을 해야 과한 욕심을 내려놓을 수 있기 때문이다.

'주제 파악하라!' 이 말은 자신의 그릇과 한계를 알라는 말이다. 저마다 타고난 그릇의 크기가 있는데 타고난 그릇 크기보다 과한 욕심을 갖는 사람들이 많다. 그릇에는 저마다 담겨야 할 것들이 있다. 자신의 그릇 크기를 보지 못하고 자기 그릇 크기보다 더 담으려 한다면 그것은 욕심이다.

반면에 어떤 사람은 자신의 그릇 크기를 너무 작게 생각하는 사람도 있다. 그런 사람들은 자존감이 낮아진 상태이기 때문에 에너지가 축소되어 자신의 존재를 작게 보는 것이다. 반대로 이런 사람들은 조금 욕심을 내어도 된다. 자신의 주제 파악을 하지 못하면 결국에는 욕심에 무너지게 되어 있다. 현재 자신에게 처해진 상황은 이제껏 자신이 걸어온 길들의 결과물인데도 불구하고 남 탓만 하고 있는 사람은 자기 자신을 바르게 바라보지 못하고 있는 것이다. 자신의 능력치보다 높게 잡고 그만큼의 노력도 하지 않은 채 높은 곳만 바라보고 있다면 일이 제대로 풀리지 않는다. 이럴 때는 빨리 자신의 능력 대비 노력이 어느 정도인지 파악을 해야 한다.

현재 자기가 처한 상황은 그러한 상황을 깨닫고 공부하라는 시그널인데, 자기 앞에 다가온 숙제는 처리도 하지 않은 상태에서 남 탓만 해대고 있다. 이런 경우 자신을 둘러싼 기운은 점점 자신을 옥죄어 오고 일도 잘 안 풀리고 심지어는 몸까지 아프게 되어 있다.

그래서 자신의 주제를 파악하는 것이 무엇보다 중요하다. 현재 자신이 처한 상황과 시그널은 자신에게 무엇을 말하고 있는가를 찾아야 한다. 자신에게 다가온 환경들을 무시한 채 더 좋은 환경만을 바라면서 이상과 꿈을 추구한다면 그 꿈은 자신의 카르마에 의해 무너지고 만다.

카르마라는 장치는 영혼의 숙제와 같다. 숙제는 끝내놓지도 않으면서 놀 생각을 하는 것과 같다. 자기 앞에 문제를 해결하지 못하면 한 발자국도 나아갈 수 없다. 자기 문제를 해결하는 것은 '남'을 보는 것이 아니라 '나'를 보는 것이다.

남을 탓하는 것이 아니라 나의 문제점을 찾는 것이다. 나를 보지 못하니 남도 보이지 않는 것이며, 상대에 대한 고마움도 모르는 것이다.

카르마가 돌고 있는 사람, 욕심이 많은 사람은 '고마움'을 모른다. 자기만 생각하는 이기심과 더불어 남이 보이지 않기 때문에 고마움도 모른다. 그리고 남들이 자신을 알아주지 않는다고 다시 남 탓을 한다. 계속 돌고 도는 굴레 속에 갇혀 자신을 괴롭히고 남도 괴롭히는 것이다.

주제 파악은 빠르면 빠를수록 좋다. 그리고 주변에서 주제 파악을 하도록 쓴소리를 해주는 사람이 있다면 고마워해야 한다. 그 사람이 바로 나에게 문제점을 알려주고 있는 것이기 때문이다. 일이 안 풀릴 때는 빨리 자신을 돌아보아야 한다.

내가 남 탓을 하고 있지는 않은가?
내가 나만 생각하고 있지는 않은가?
내가 욕심을 부리고 있지는 않은가? 하고…….

세상은 뿌린 대로 거두는 것이며 자신이 뿌리지 않은 싹은 절대 나오지 않는다. 결과에 책임지는 것은 자신의 몫이다.

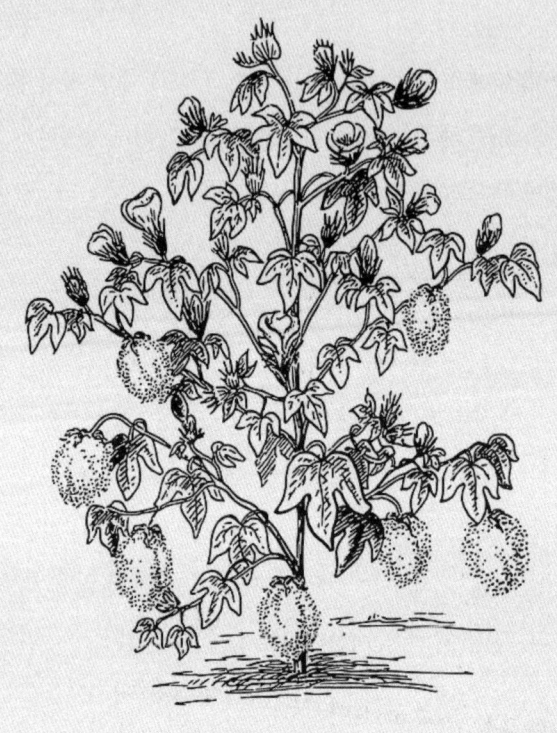

카르마 법칙

대물림의 법칙 (카르마는 유전된다)

무당 집안에 무당 나고 의사 집안에 의사가 나며 교육자 집안에 교육자가 나오는 법이다. 가문의 기운줄이 이어져 오는 것인데, 치유의 가문은 치유 관련 일을 하는 사람이 배출되고 교육자 가문은 가르치는 사람이 배출되며 연예인 집안에서는 연예인이 나오는 것이다.

즉 부모로부터 비슷한 유전자를 이어받아 외모뿐만이 아니라 재능까지도 물려받곤 하는데, 비슷한 습관과 더불어 비슷한 생각과 사고를 하기 때문에 인생조차도 부모의 인생과 비슷하게 흘러갈 수밖에 없다.

폭력적인 아버지 밑에서 자란 아들이 아버지의 모습을 지긋지긋하게 생각하지만 어른이 되어 점점 닮아가는 모습을 많이 보았을 것이다. 혹은 아버지의 모습이 너무 싫어서 정반대의 습성이 나오기도 한다. 그러나 대부분 자신도 모르게 아버지의 모습을 그대로 닮아가고 있는 자신을 발견하곤 한다. 가장 싫어하던 아버지의 모습을 본인이 그대로 행하고 있는 것이다. 조상대로부터 이어져온 환경과 습관이 그대로 지속되어 반복되기 때문에 비슷한 패턴의 길을 걷는 것이다. 중요한 것은 이러한 환경과 습관은 스스로 깨닫지 않는 한 고치는 것이 매우 힘들다. 스스로 깨달아 고치지 못하면 자신의 모순은 고스란히 자식에게 넘겨진다. 즉 아버지 대부터 고치지 못한 모순과 오류는 그 환경과 습관을 바꾸지 않는 한, 자식에게 그대로 이어진다. 왜냐하면 자식은 부모를 그대로 복제하기 때문이다.

자식은 부모의 모습을 보면서 그 안에서 모순을 발견하여 자신을 고쳐나가야 한다. 그런데 부모의 모습을 원망하고 실망하면서 정작 부모의 모습을 그대로 답습해나가곤 한다. 부모로부터 물려받은 모순을 인지한다면, 아는 만큼 고칠 수 있고 보이는 만큼 모순을 잡을 수 있다. 스스로 고쳐나갈 때, 부모로부터 이어받은 모순은 자식에게 대물림되지 않는다. 비슷한 환경, 비슷한 습관을 가지고 있는 가족 간에는 공동 카르마를 소유하고 있다.

질병의 경우도 유전이 되듯 카르마도 유전이 된다. 인생의 무게는 자기 대에서 가볍게 해 놓아야 자식이 발복될 수 있다. 그런데 자신의 업의 무게를 자식에게 그대로 물려주게 되면, 자식에게는 더 무거운 카르마의 질량을 극복해야만 하는 과제가 주어질 수밖에 없다. 이것은 마치 채무를 자식에게 남겨두고 죽는 것과 유사하다.

과거 노예제가 있을 때 부모가 노예면 자식도 노예가 되듯, 부모의 가난은 자식에게 그대로 물려지고 부모의 모순은 자식에게 그대로 대물림된다. 만약 자신의 카르마를 자식에게 대물림하지 않으려면 자신의 대에서 카르마를 스스로 극복하고 넘어야 한다.

자신의 부모 모습을 답습하지 말고 자신이 시조가 되어 새롭게 창조하라! 부모 대로부터 이어져 온 카르마를 종결시키고 가문의 정신을 새롭게 만드는 시조가 되길 바란다. 시조는 깨어 있는 자만이 시작할 수 있고 개척하는 자만이 시작할 수 있다. 지금의 시대는 카르마가 종결되는 시대로, 이전의 낡은 삶을 마무리하고 새로운 시대를 열어야 하는 시점으로 접어들었다.

자식에게는 바른 사고와 바른 습관을 넘겨줘야 그것이 유산이 된다. 아무리 많은 돈과 재산을 물려줘도 그 재산을 지킬 수 있는 정신과 마인드를 넘겨주지 않으면 그 자식 대에서 남아 있는 재산을 모두 말아먹는다. 중요한 건 자식에게 물려줄 물질이 아니라 정신이다. 부모가 남기고 간 재산으로 인해 형제간에 재산다툼을 하는 것을 많이 보았을 것이다. 정신을 물려주지 않으면 물질은 오히려 독이 될 수 있다. 당신은 자식에게 무엇을 유산으로 남겨줄 것인가?

영의 법칙 (카르마는 되돌림 된다)

카르마는 당신의 잘못이 아니다. 최초 인간으로부터 내려오는 모순의 결과물이자 가문의 모순이기도 하다. 아담과 이브가 에덴동산에서 나온 순간부터 카르마 굴레가 시작되었다고 볼 수 있다.

기계에 작은 스크래치가 자꾸 반복되다 보면, 큰 스크래치가 되면서 결국은 기계가 멈춘다. 따라서 카르마의 작은 오류가 점점 커지기 전에 당신에게 던져진 숙제인 카르마를 풀어야 한다.

원도 한도 없는 상태를 0이라 놓고 볼 때 카르마는 −1, −2, −3, −4 이런 식으로 마이너스 채무처럼 불어난다. 마이너스 채무를 갚으려면 조금씩 선행을 하면서 채워나갈 수 있는데, 선행이라는 것은 내가 아닌 남을 이롭게 하는 행위이다.

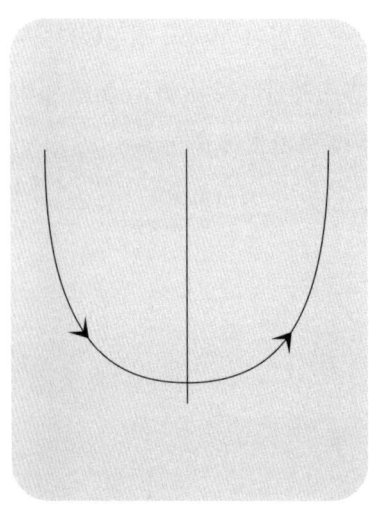

원의 시작점에서 반원까지 왔을 때, 우리는 확장하면서 이것저것 실험을 해보고 겪어도 보고 체험도 해 본 뒤 비로소 바른 원리를 찾아 제자리를 잡아가는 되돌림의 과정이 진행된다. 이것은 유턴하여 돌아가는 원으로 비유를 할 수 있다. 지금의 시대는 원이 제자리를 향해서 돌아가는 시대이다. 지금까지의 모순을 바로잡고 해결하면서 나아가야 하는 시대이기 때문에, 나를 위해서 사는 시대가 아니라 남을 위해서 사는 시대가 된다.

세대를 반복하면서 후대에 이를수록 모순은 점점 커져 가고 현재를 살고 있는 후손들은 모순을 바로잡을 의무가 생기는 것이다. 자신의 대에서 이 모순을 바로잡지 않으면 카르마의 책무는 자식 대로 넘어가게 된다. 따라서 현재의 당신이 카르마를 해소시켜야 후대가 좀 더 진화되고 발전된 삶을 살 수 있게 되는 것이다.

모순을 바로잡아 되돌려 놓는 행위는 채무를 0으로 돌려놓는 행위이기도 하다. 따라서 자신의 모순점은 스스로 깨달아 스스로 변화하는 삶을 살게 되면 주변 환경이 변화되기 시작한다. 현재 깨달은 내가 바뀌어야 주변이 바뀔 수 있는 것이다. 상대에게 변화를 요구하기보다 자신이 바뀌어야 상대가 바뀐다.

속담 중에 '남의 눈에 눈물 흘리게 만들면 내 눈에 피눈물 난다'라는 속담이 있다. 내가 행한 모순의 행동들은 언젠가는 다시 나에게 되돌아오고, 설령 내가 겪지 않으면 내 자식 대에서 겪게 된다. 내가 남에게 행한 행위의 결과는 반드시 자신에게 되돌아온다는 것이며 선업이든, 악업이든 내가 행한 행위의 결과를 고스란히 그대로 받게 되는 원리이다. 따라서 내가 지은 악행만큼 선업을 쌓아야만 카르마의 무게를 제로로 만들 수 있다.

인과응보의 법칙 (뿌린 대로 거둔다)

'콩 심은 데 콩 나고 팥 심은 데 팥 난다'라는 속담이 있다. 이 속담처럼 카르마 또한 자신이 뿌린 씨앗에 대한 결과를 맞이하게 된다. 자신이 뿌리지도 않은 것이 엉뚱하게 생기는 것이 아니라 모든 행위의 결과는 자신이 뿌린 결과물이라는 점이다. 그러나 사람들은 가끔씩 자신이 뿌린 결과라는 것을 잊어버리고 남 탓을 하곤 한다.

현재 자신에게 닥치고 있는 문제의 원인으로 들어가면, 부모가 나오고 부모는 그 부모로 이어진다. 즉 조상 대로부터 이어진 패턴의 결과물이 오늘날을 살고 있는 나에게서 결과적으로 나타난다는 점이다.

조상 대대로 이어진 질병은 자손에게 이어지고 조상의 부는 후손에게 이어지며 조상의 기개나 절개 등도 후손에게 그대로 이어진다. 좋은 습관이나 행동도 이어지지만 안 좋은 행동이나 습관도 이어지게 마련인데, 자신에게 현재 형성된 성격은 부모로부터 기인하는 경우가 많다. 즉 조상 대부터 이어진 DNA 형질 속에 조상 대부터 이어져 온 가문의 카르마가 녹아 있기 때문에 부모의 삶을 보면 자신의 삶을 유추할 수 있다. 우리는 부모의 삶을 보면서 배울 점은 배우고 고칠 점은 고쳐나가면서 좀 더 진화된 인간 유형을 만들어 나가야 한다.

어릴 적 부모로부터 배운 행위나 습관의 결과는 사회 속에서 조정되고 고쳐질 수 있다. 부모로부터 배우지 못한 것들은 사회 속에서 배울 수 있다. 학교나 직장 등을 다니면서 혹은 사람을 상대하면서 트러블이 생기고 사건 사고를 겪으면서 자신의 모순점을 깨달아가게 된다. 부모로부터 받지 못한 교육은 고스란히 사회 속에서 받는 형국이다. 나와 형제, 그리고 부모, 부모의 부모로 이어진 '우리'는 공동 운명체를 타고 태어났다. 나의 잘못은 나만의 문제가 아닌 부모로부터 형성된 행위에 대한 결과물이기 때문에 공동 책임이 있는 것이다.

부모의 모순은 자식에게 그대로 전과되고 자식의 모습 속에 부모의 모순이 그대로 나타나는데도, 부모는 자식이 이상한 것이라고 생각한다. 자식은 부모를 그대로 복제하고 있는 것이다. 같은 부모 밑에 같은 자식이 탄생되고, 부모가 한 행위는 자식을 통해 자신에게 되돌아온다. 자식은 자신을 비추는 거울처럼 작용한다.

내가 타인에게 입힌 상처만큼 타인으로부터 상처를 되돌려 받을 수 있고, 내가 받은 상처만큼 타인에게 상처를 입힐 수 있게 된다. 이것이 바로 인과응보의 법칙이기도 하다.

어떤 사건이든 자신이 생각하고 행한 행위의 결과물이 드러나는 것이기 때문에, 생각이라는 씨앗은 행위의 결과라는 열매를 맺는 것과 같다. 생각이 씨앗을 발화하면 점점 물질화가 되면서 사건 사고가 발생하고, 사건 사고는 자신이 뿌린 결과물이 나타나는 것이다. 당신은 어떤 씨앗을 어떻게 심겠는가?

유유상종의 법칙 (같은 기운을 끌어당긴다)

비슷한 부류끼리 모인다고 하는 '끼리끼리 모인다.', 유유상종(類類相從)의 말이 있듯이, 사람도 비슷한 환경, 비슷한 의식 수준끼리 만나게 되어 있다. 이 의식의 차이라는 것이 사람을 만나게도 만들고 헤어지게도 만든다. 부부간에도 의식 차이가 많이 벌어지게 되면 서로 에너지가 단절되어 헤어지기도 하고, 친구들끼리도 점차 성장하면서 '헤쳐 모여'가 되는데 성장할수록 같은 수준의 사람끼리 모이게 되어 있다.

어릴 적에는 출발선이 모두 똑같다. 그러나 시간이 지나고 개개인이 성장할수록 각자 에너지 준위가 달라지고 수준과 환경이 갈리게 된다. 어느 정도 크게 성장을 했다면 좀 더 레벨이 높은 큰 무리에 들어갈 것이고, 성장을 하지 못하고 제자리걸음이라면 그만그만한 사람들과 어울리게 되어 있다.

사람의 인연도 비슷한 사람끼리 모이듯, 기운은 같은 기운을 불러들인다. 무겁고 침울한 기운의 탁기가 많은 사람은 자신의 에너지 준위에 맞는 사람을 만나고, 물건을 골라도 자신과 똑같은 기운의 물건을 선택한다. 이 에너지 준위가 안 맞으면 친한 친구를 만나도 괜히 불편하고 짜증이 나며 그 장소에 있는 것 자체가 불편해지면서 친구와 점점 멀어지게 되는 것이다.

생각과 의식 수준이 다른 것은 당연하다. 이 때문에 친구들과 멀어지는 것을 두려워하지 않아도 된다. 에너지 상태가 달라졌기 때문에 멀어지는 것이며 새로운 흐름에 들어서면 그에 맞게 새로운 인연이 들어오게 마련이다. 또한 이러한 원리가 공간에서도 적용이 되는데, 어떤 장소에 가더라도 어떤 사람은 음침한 곳을 편하게 느끼는 사람이 있고 음침한 곳을 불편하게 느끼는 사람이 있다.

자기의 상태가 멜랑콜릭하고 우울하면 음침한 곳을 찾아갈 것이고, 자기의 상태가 밝고 명랑하다면 밝은 기운의 장소를 찾아간다. 밝고 명랑한 사람이 음침한 곳에 가면 불편하고, 멜랑콜릭한 사람이 밝은 곳에 가면 불안하다. 사람은 각자 자신의 에너지 상태만큼 보이는 법이고 느끼는 법이다.

의식 수준이 이런 사람은 이런 사람끼리, 생각이 저런 사람은 저런 사람끼리, 주변을 보면 그 사람이 어떤 성향인지 보인다. 있는 사람들은 있는 사람들끼리 어울리고, 없는 사람은 없는 사람끼리 어울린다. 좌파는 좌파끼리 친하고, 우파는 우파끼리 통하고, 이도 저도 아닌 이들은 여기저기 끼지도 못한 채 소통의 부재를 안고 답답해한다. 생각이 다른 사람과 의식 수준 차이가 많이 나는 사람과는 언젠간 이별하게 되어 있다. 왜? 소통이 안 되기 때문에 에너지 순환이 안 된다. 그래서 다른 소통할 곳을 찾아다니게 되는 것이다.

집에서 부부가 소통이 안 되면 딴생각을 하게 되어 있고, 딴생각을 하다 보면 딴 행동을 일으키고, 그렇게 사건이 터지면서 가정이 해체되는 것이다. 소통이 이루어지지 않은 채, 계속 참기만 한다면 자신의 몸을 치게 되어 있다.

물이 흐르듯 에너지도 흘러야 하기 때문이다. 물도 꽉 차야 흐르듯 에너지도 꽉 차면 흐르게 되어 있다. 그곳이 어디든 간에 좋게 흐르면 상생이지만 터지면 파괴이다. 압력이 차서 터지면 충격파가 크다. 불만은 그때그때 풀어내야 아프지 않다. 핸드폰 배터리 충전하듯 사람도 기운을 충전해야 운행이 된다. 사람과 사람 사이에서도 기운이 계속 빨리면 피곤이 누적되면서 면역력이 떨어진다. 아픈 것은 신호이다. 왜 아픈지 이유를 알아야 낫는 법이다. 돈이 돌고 돌아야 하듯 기운도 돌고 돌아야 건강해진다.

인간의 의식은 비슷한 에너지 크기의 반대 극끼리 강하게 끌어당기는 경향이 있다. 숫자로 예를 들면 −3인 사람은 +3인 사람을 만나고, −7인 사람은 그에 상응하는 +7에 해당하는 사람을 만난다. 마치 외나무다리에서 원수를 만나듯, 비슷한 기운의 반대 성향끼리는 반드시 조우를 하게 되어 있다.

그래서 부부의 인연은 전생에 원수의 인연이라고도 하는 것이다. 원수끼리 만나 화합을 만들어가고 각 가문 간 카르마를 해소하라는 의미이다.

반복의 법칙 (카르마는 반복된다)

  같은 행위가 여러 번 반복되면 습관이 된다. 습관이란 비슷한 행위 패턴이 반복적으로 진행되는 것인데 좋은 습관이라면 상관이 없겠지만 안 좋은 습관이 반복되다 보면 사건 사고로 이어질 수 있고 몸을 망칠 수도 있다.

  이렇듯 사람은 어떤 선택을 할 때 매번 비슷한 선택을 하게 된다. 자신이 선택하는 범위는 부모로부터 받은 에너지의 결핍 정도에 따라서 부족한 부분을 무의식적으로 선택을 하게 되는데, 스스로 깨닫지 못하는 한 계속 비슷한 패턴을 선택하게 된다. 옷을 살 때도 비슷한 옷만 구입하고 똑같은 물건을 여러 개 사는 것도 자신의 비슷한 패턴이 반복된 결과이다.

  카르마 또한 대를 이어 반복되며 자신이 풀지 못한 카르마는 자식에게 이어진다. 그래서 어머니의 팔자가 사나우면 자식의 팔자도 사납다고 표현하는 것이다. 어머니가 남편 복이 없으면 딸도 남편 복이 없는 경우가 많다. 이런 경우는 어머니의 행동 패턴을 그대로 보고 자란 딸이 결혼을 하여 어머니와 같은 행동 패턴을 보이기 때문에 딸도 어머니와 비슷한 삶을 살게 되는 것이다. 만약 딸이 어머니의 모습을 지켜보면서 모순을 고쳐나간다면 딸의 삶은 달라진다. 따라서 매번 비슷한 선택을 하지 않으려면 스스로 깨어 있어야 하고 스스로의 모순점을 깨달아야만 고쳐질 수 있는 것이다.

우유부단한 사람은 계속해서 우유부단하여 여러 사건들에 휘말리고, 충동적인 사람은 계속 주변 사람들과 충돌을 일으키게 된다. 즉 자신의 기질대로 매번 행동하다 보면 계속해서 비슷한 사건에 노출된다. 돈도 떼인 사람이 계속 떼이고 실연당하는 사람이 계속 실연을 당하는 법이다. 스스로 자신의 문제가 무엇인지를 깨달아야만 반복되는 모순의 고리에서 헤어날 수가 있는 것이다. 이것이 카르마의 반복 법칙이다.

카르마의 종류

카르마란 본인이 짊어져야 하는 영혼의 짐과 같은 것으로, 반드시 넘어야 할 영혼의 숙제이며 영혼성장을 위한 문턱이라고 표현할 수 있다. 각각의 인생에는 저마다의 의미와 저마다의 시간이 주어져 있다. 카르마란 '<u>**각자 자신에게 할당된 영혼의 무게**</u>'라는 표현이 맞을 것이다.

카르마를 넘기 위해서 꼭 무언가를 해야 하는 것은 아니다. 스스로 자신의 모순점을 살펴보고 발견하고 바꾸어 나가려는 노력이 필요한 것이다. 스스로 인지하면 변화가 시작된다. 자신에게 다가오는 정보를 거부하지 말고 모두 받아들여 소화시키라! 모두 거름이 될 것이다.

지금 아무것도 안 하고 있다 해서 조급해할 필요는 없다. 아직 그대의 시간이 도래하지 않았기 때문이다. 생각이란, 물처럼 차서 넘쳐야 현실화가 되는 법이다. 생각의 농도가 70% 이상 차올라야 조금씩 현실화가 이루어지기 시작한다. 지구에 태어난 이상 하나씩의 미션을 가지고 내려오게 마련이며, 지구란 곳은 영혼의 미션을 완수하는 훈련소와 같은 곳이다.

태어날 때 아무리 좋은 시간과 타이밍을 찾아 태어난다 해도 한 가지씩의 걸림돌은 가질 수밖에 없다. 즉 한 가지씩의 미션은 타고나는 것이다. 이것이 우리가 지구에서 풀어야 하는 숙제이다.

원인에 대한 결과가 현생에 드러나는 것이 업(業)이며, 전생의 과오를 현생에 바로잡아야 하는 것을 말한다. 또한 부모로부터 이어져 온 습(習) 내지는 유전자 패턴을 이야기 한다.

부모의 카르마는 자식이 그대로 이어받는다. 부모의 기질이나 성격들이 자식에게 이어지고 비슷한 기질이나 성격은 선택의 상황에 놓였을 때 부모와 비슷한 선택을 하면서 비슷한 운명의 길을 걷게 된다.

반복되는 행위는 비슷한 결과를 초래하게 되어 있다. 카르마란 육상경기 허들레이스 중간중간에 놓여 있는 허들과 같은 것이다. 일종의 장애물이지만 한번 뛰어넘은 허들은 그다음 번에 넘을 땐 수월하다. 한번 경험해 보았기 때문에 경험이 생기고 연륜이 생기는 것이며 가늠을 할 수 있기 때문에 쉽게 넘을 수 있는 고개가 되는 것이다. 인생이란 고개를 끊임없이 넘는 것과 같다. 카르마의 종류는 인간 개개인마다 다르지만 일정한 패턴이 있다.

- 본인의 신체적, 성격적 결함에서 오는 카르마
- 재물 관련에서 오는 카르마
- 형제 및 친척 또는 이웃과 관련된 카르마
- 부모와 가정환경에서 비롯된 카르마
- 자식과 관련된 카르마
- 직장이나 질병에 의한 카르마
- 배우자 혹은 동업자에 의한 카르마
- 타인의 재산 관련 카르마
- 정신적 광기나 종교적 광기에 관련된 카르마
- 권력 쟁취를 하고자 하는 욕구와 관련된 카르마
- 그룹이나 조직 혹은 친구와 관련된 카르마
- 감금, 은폐, 비밀과 관련된 카르마 등등

수없는 사건 사고들은 이 카르마로부터 발생되는 인과응보의 결과물이다. 예를 들어 재물 관련 카르마가 있는 사람들은 재물로 인해 크게 망하고 크게 흥하는 코드를 가지고 있다. 자신의 모든 상황과 자신의 의식이 재물에 꽂혀 있기 때문에 어떻게든 재물과 관련된 행위를 하고자 하고, 또 재물과 관련된 인연을 끌어들이게 되어 있다.

각각의 카르마에는 카르마의 인연이 기다리고 있다. 카르마의 인연은 자신을 가장 힘들게 하지만 자신을 성장시키는 스승이기도 하며 행위를 촉발시키는 촉매제이기도 하다. 이런 카르마는 감정체와 긴밀히 연결되어 작동한다. 감정체는 하나의 본드처럼 사람과 사람을 연결시키는 촉매제가 된다.

부모 카르마

부모 카르마는 초년의 운을 좌지우지한다. 어떤 부모를 만나느냐가 초년의 습관이나 성격을 형성하는 데 큰 영향을 미치며, 양육과 보호 그리고 학업과 연관되어 있기 때문에 좋은 부모를 만나는 것은 가장 큰 복이기도 하다.

[내 딸 서영이]라는 드라마가 있었다. 드라마에서 주인공의 카르마는 아버지 카르마였는데, 주인공 서영이는 IMF로 망한 아버지 때문에 온갖 고생을 하면서 공부를 하게 된다. 그렇게 아버지를 원망하고 아버지를 부정하면서 재벌가 며느리로 들어가게 된 서영이는 아버지에 대한 애정과 애증 사이에서 갈등을 하고 있었다.
아버지의 사랑을 알면서도 아버지 노릇을 제대로 하지 못한 아버지를 원망하며 공부에 올인했고 판사라는 위치에 앉게 되었다. 한편으론 서영이가 판사라는 위치와 재벌가 며느리라는 위치에 앉게 된 에너지원은 아버지로부터 촉발된다. 아버지는 서영이를 그 위치로 몰아간 장본인이기도 하다. 아버지 덕분에 서영이는 생활력이 무척 강해졌다. 그리고 부모로부터 뛰어난 머리와 좋은 외모를 물려받았으며 무인도에 내놓아도 악착같이 살아남을 인물로 성장했다.

카르마라는 것은 하나의 에너지원이지만 자신을 완성시켜 나가는 장치이기도 하다. 서영이와 같은 아버지 카르마를 가진 사람들은 IMF라는 국가적 재난 속에서 탄생된 카르마이기도 하다.

아버지 카르마를 가진 사람들은 대체적으로 생활력이 강했다. 부모의 이혼으로, 혹은 아버지의 사업실패로 인해 가난을 체험한 이들은 삶의 무게에 단련되어 어디에 내놓아도 악착같이 살아남을 정도로 자아가 강했다. 즉 아버지의 무너짐이 이들을 더욱 단련시켰던 것이다.

IMF는 수많은 아버지 카르마를 발생시킨 국가적 카르마이다. 한편으로 생각하면 전체 아버지의 보호막이 무너지면서 많은 여성들이 사회로 나오게 된 출구이기도 하다.

우리나라는 IMF라는 국가적 카르마를 맞이하면서 아버지의 역할 대신 어머니의 역할이 부각되기 시작했다. 어머니들이 사회로 나오면서 여성들의 인권이 더욱 강해지기 시작했다. 이것은 역사적 새옹지마(塞翁之馬)이기도 하다.

조선시대 500년 동안 눌려왔던 여성들이 이 시기에 남편 대신 일을 하면서 사회로 쏟아져 나왔고, 여성들이 사회에서 일을 하기 시작하면서 남성 중심의 사회체제를 점차 바꾸어나가기 시작한 것이다. 시대적 흐름으로 보았을 때 IMF라는 사태가 터짐으로 인해 유교적 남성주의가 강했던 이 나라에 가부장적인 체제가 무너지기 시작한 것이다.

지금의 시대는 어머니 시대가 되었다. 어머니의 입김이 더 발휘되고 어머니의 힘이 더 강해진 시대이다. 아버지는 한발 뒤로 물러나

관망하는 시대이다. 그것이 이 시대 아버지들이 더 초라하고 힘없어 보이는 이유이다.

지금의 시대는 이미 여성 대통령이 당선될 정도로 여성에너지가 극점을 쳤고 남성에너지는 서서히 물러나고 있는 시기이나, 점점 남성과 여성의 균형점을 찾고 태극처럼 음양조화를 이루어 갈 것으로 본다.

IMF라는 장치가 커다란 시련을 주었지만 음양조화를 맞추기 위한 아버지의 물러섬이었다. 따라서 [내 딸 서영이]와 같은 카르마가 있는 분들은 아버지를 이해해야만 본인의 카르마가 풀린다.
이 시대 아버지들의 희생이 바로 IMF였다.

젊은 사람들은 부모님을 이해해야 한다. 우리의 부모 세대는 자식들을 위해서 희생한 세대이다. 부모님이 못나도, 못 배워도, 무식해도 부모님의 헌신과 희생은 가장 숭고한 정신이다.

아버지의 사랑

말씀은 잘 없지만
속마음을 드러내진 않지만
마음 언저리 저 깊은 곳엔 언제나
자식을 사랑하는 마음을 꽁꽁 숨겨두고
살갑게 표현하진 않지만
어떻게 사랑을 표현할지 몰라 화만 낸다

잘 먹이고 잘 입히고 싶은 마음은 있지만
인생이라는 것이 뜻대로 되지 않아 좌절하고
가족에게만은 자존심을 지키려
낭떠러지 언저리에서도 꾹 버티고 있는 아버지……

화를 내는 것은 관심을 가져달라는 표시요
가족에게 소외된 아버지의 자리는 쓸쓸하기만 하다
가족을 위해 자식을 위해 사회에 나와 자존심을 꺾고
가족에게만은 자존심을 지키려 더 모질게 대한다는 것을……

말이 없어도……
대화가 없어도……
아버지의 사랑은 겉으로 드러나지 않는 속사랑이다

• **결핍과 보상**

자식 입장에서 부모의 보호가 필요한 시기에 맞닥뜨리는 부모님의 죽음이나 이혼은 커다란 상처를 주는 사건이다. 부모님 중 한쪽의 부재를 느끼면서 자라야 하는 코드가 있다. 어머니든, 아버지든 둘 중 한 분의 부재를 안고서 자라는 경우에는 결혼 후 파트너에게 어머니, 또는 아버지의 모습을 찾으려 하는 경향이 있다.

즉 부모로부터 못 받은 결핍된 에너지 부분을 파트너, 또는 자식에게 보상받으려 하는 경우이다. 반대로 부모의 과도한 관심이 자식의 손발을 묶어놓는 경우도 있다. 이런 경우는 부모가 이루지 못한 꿈과 이상을 자식에게 투영하는 경우이다. 부모와 자식은 공동운명체이며 한쪽에서 결핍된 에너지는 또 다른 곳에서 채우려 하는 경향이 생기게 된다.

에너지는 균형을 이루려는 성향이 강하기 때문에 한쪽 부분에 결핍이 생기면 다른 쪽에서 가져와 결핍을 메우려는 성향이 있다. 결핍이라는 것은 에너지 원동력이기도 하다. 결핍이 있기 때문에 에너지를 채우려는 운동이 촉발되는 것이며 완전하면 운동이 발생할 필요가 없다. 에너지는 부족하면 메우려는 속성이 있어서 한쪽에서 부족하면 다른 쪽의 에너지를 임의로 당겨와 안정감을 찾으려 한다.

카르마는 '대물림'의 성향이 아주 강하다. 부모 대에서 풀지 못하면 바로 자식으로 이어지는 승계적 채무를 띠고 있다. 어머니가 배우자 복이 없으면 그 딸도 배우자 복이 없을 확률이 높고, 본인 대에서 그 카르마를 끊지 못하면 딸의 딸(손녀)까지도 배우자 복이 박복할 수 있다.

어머니가 본인 대에서 박복한 배우자 복에 대한 체험을 치르고 깨달음을 얻는다면 딸자식은 어머니의 카르마가 아닌 다른 카르마를 가질 수도 있다. 그러나 큰 틀에서 보면 모든 것이 연속선상에서 이루어지는 것이고, 가족 개개인의 카르마는 집안 전체가 겪는 큰 카르마 속에서 이루어지는 분파적 개념이기도 하다.

카르마의 전후관계를 살펴보면 과거와 현재는 연결되어 있고 당사자가 겪는 괴로움은 과거의 특정 사건에서 시작된 결과물임을 알 수 있다.

배우자 카르마

여자에게는 세 가지 남자 복이 있다. 아버지 복, 남편 복, 자식 복이 바로 그것이다. 이 세 가지 남자 복을 가진 여자는 참으로 행복한 여성이라 할 수 있다. 그럼에도 세부적으로 들여다보면 행복한 여성도 자기만의 걱정과 근심을 가지고 있다. 우리가 사는 이 세상은 모든 것을 다 갖춘 완벽함이란 없다.

최대한 황금비율에 근접하려는 욕망들을 누구나 가지고 있고 누구나 소망하지만, 우리가 알고 있는 복록이란 당대의 인생에서 다 갖추는 것이 아니라 당대, 2대, 3대, 이렇게 순차적으로 쌓이는 것이다.

남편 카르마에 앞서 남자도 여자와 마찬가지로 세 가지 여자 복이 있다. 어머니 복, 아내 복, 자식 복이 있다. 좋은 복록을 타고난다는 것은 그만큼 전생의 덕이 있다는 반증이다.

상담을 하다 보면 아버지 복이 좋은 여자들이 있었다. 그런데 아버지 복이 좋은 여자들 중에 유독 남편 복이 없는 사람들도 있었고 현실에서도 그런 여자들은 꽤 많은 편이다.

유복한 환경에서 자란 여자들의 경우, 의외로 카르마가 센 남자에게 끌리는 경우가 많다. 이와 같은 경우, 가족 카르마로 엮이지 않는 대신 외부 카르마로 엮이는 것이다.

예를 들어 처음엔 남자에게 콩깍지가 씌어 집안에서 반대하는 남자와 무리하게 결혼을 하거나 도망을 가서 산다면 과연 행복할까? 사랑의 유효기간은 딱 3년이다. 3년이 지나고 나면 현실적인 상황이 압박을 해오고 여기서부터 서로의 의견충돌이 발생하고 처음엔 죽고 못 살아도 시간이 지날수록 소통이 단절되어가고 서로 원수가 되어버린다.

남편 카르마에 엮여 들어가는 여자들은 대부분 남자의 생계를 책임지는 경우가 많았다. 한마디로 남편의 호구가 되어 열심히 피가 빨리는 케이스인데, 이것이 바로 남편 카르마인 것이다. 여기에다 시댁까지 합세하여 피를 빤다면 시댁 카르마까지 더해져 여자는 거의 정신적 공황상태까지 진행되고, 타고난 기질로 우울함이 강한 여성은 조울증이나 우울증을 앓게 된다.

그렇다면 이러한 남편, 혹은 배우자 카르마가 있는 여자가 이혼을 하거나 헤어진 뒤 다른 남자를 만나면 상황이 달라질까? 아니다. 절대 달라지지 않는다.

이 남자와 헤어지고 다른 남자를 만나도 또다시 새로 만난 남자의 생계를 책임져야 하는 상황이 발생한다. 배우자 카르마를 타고난 여자가 다시 새로운 남자를 만나도 또다시 그 남자의 생계를 대신 짊어진다면, 그 속에서 깨달음을 얻을 때까지 비슷한 상황만 반복될 뿐이다.

카르마의 연속적인 반복은 그 안에서 카르마를 뛰어넘으라는 시그널이다. 배우자 카르마를 뛰어넘지 못하면 다시 남자를 바꾼다고 해도 자신이 타고난 배우자 카르마가 사라지지 않는다.

배우자 카르마가 끝나지 않은 여자는 남편과 헤어지고 돈 있는 남자를 다시 만난다 해도, 그 남자의 사업이 망한다든가 멀쩡하게 잘 다니던 회사를 그만두는 상황이 발생하게 된다.

다시 말해 교체된 남자조차 카르마의 연속적 반복 현상이 일어난다는 뜻이다. 그래서 박복한 카르마를 가진 여자는 남자를 교체하여도 비슷한 상황이 계속 연출되는 것이다.

이럴 때는 마음을 고쳐먹는 수밖에 없다. 배우자 카르마가 있다는 것을 깨닫고 이 카르마가 완전히 끝날 때까지 독신으로 열심히 돈을 모으는 것이 그나마 가장 좋은 방법인데, 이상하게 배우자 카르마가 있는 여자들은 자신이 남자 복이 박복한 것을 알면서도 계속 남자를 찾게 된다.

이런 현상을 정확하게 진단하여 정의한다면 남자 복이 박복한 여자가 새로운 남자를 찾는 현상은 아직 자신이 더 내어줘야 하는 남자가 남아 있다는 것을 의미한다. 좀 더 쉬운 말로, 아직 자신에게 빚을 받으러 들어오는 '빚쟁이'들이 남아 있는 것이다. (이 빚쟁이들은 전생의 인연들이기도 하다.)

남편과 살면서 온갖 고생을 다하며 이혼을 하지 않고 전생의 빚을 모두 갚은 여성의 경우, 진 빚을 모두 갚고 나면 원도 한도 없이 남편과 헤어지고자 하는 마음이 생긴다. 이런 케이스의 경우, 헤어진 뒤 다른 남자를 만나 더 행복하게 잘살기도 한다. 문제는 카르마가 끝이

난 채 시작하였느냐, 아니면 카르마가 끝나지 않은 채 도피했느냐의 차이이다.

  카르마의 도피는 반드시 똑같거나 비슷한 상황을 연출시킨다. 카르마가 끝나지 않으면 끝날 때까지 무한반복이 이루어진다. 이것이 카르마의 법칙 중 하나이다.

자식 카르마

어떤 사람은 자식 때문에 광을 받고 어떤 사람은 자식 때문에 벌을 받기도 한다. 물론 광을 받고 벌을 받는 것은 모두 부모가 자식을 어떻게 키웠는가에 따른 결과이기 때문에 스스로 뿌린 대로 거두어들이는 결과물이다. 농부가 씨를 뿌려 열매라는 결과물을 얻듯, 자식도 농사를 짓는다는 표현을 쓰는 것이다.

예를 들어 축구선수 손흥민과 같은 경우 손흥민이 세계적인 선수가 된 데 있어서는 아버지의 공이 무척 컸다. 그러나 반대로 어려서 큰 사고를 친 자식의 경우는 부모도 일정 부분 책임을 질 수밖에 없는 상황이 된다.

자식이 부모 속을 썩이면 부모는 자식을 통해 깨달아야 하는 부분이 분명 존재한다. 자식의 행위는 부모의 가르침에 대한 결과이기 때문에 부모로서 책임져야 하는 부분이 발생한다.

자식은 부모의 복제품과 같다. 부모가 자식이 행동하는 모습을 보는 것은 자신이 뿌려놓은 행위의 결과를 바라보고 있는 것이기에, 자식의 행동을 통해서 자신의 모습을 바라보아야 한다. 콩 심은 데 콩 나고 팥 심은 데 팥이 나는 법이며, 자식의 습관과 행동은 부모의 영향을 크게 받는다. 자식 카르마가 있는 사람은 자식을 잘 키워내야 하며 자식을 통해서 자신의 모순을 깨달아야 한다.

기억하라! 자식은 부모를 그대로 복제한다는 것을……

그렇다면 좋은 부모란 어떤 부모일까? 부모 밑에 태어난 아이는 성년이 되기 전까지는 철저히 부모의 영향력 아래 키워진다. 어릴 적 환경은 너무나도 중요하다. 좋은 부모란 단순히 의식주와 교육을 잘 시켜주는 것을 넘어서 자녀의 성격과 성향, 그리고 재능을 파악하고 재능이 있는 쪽으로 유도해줄 수 있는 부모를 뜻한다.

대부분의 부모는 자식에게 잘 입히고 잘 먹이고 학원비도 잘 주지만, 그렇다고 이것만으로 좋은 부모라고 할 수는 없다. 이 정도는 웬만한 중산층 부모들은 다 하기 때문이다. 형편이 아주 어렵지 않은 이상 의식주와 교육은 기본이라는 의미이다.

좋은 부모란 자녀의 장점을 살려주는 부모이다. 부모의 형편이 어려워도 자녀의 재능과 재주를 알고, 한 마디 말이라도 장려하고 용기를 주면, 그 자녀는 어려운 형편 속에서도 꿈을 잃지 않고 자신의 재능을 꽃피울 수 있는 가능성을 가진다. 그러나 부모가 물질적으로 풍족하더라도 자식의 재능과 재주, 그리고 성향을 알지 못하는 부모의 자녀들은 일정 기간 반드시 방황하게 된다.

자식 카르마가 있는 사람의 경우에는 자식들의 카르마가 초년에 세팅된 경우, 자식 카르마에 함께 연루되어 들어가게 된다. 자식이 방황하거나 힘든 과정을 지켜보면서 부모도 함께 힘들어하는 과정을 겪게 되는 것이다.

반대로 자식 입장에서 초년 운이 좋다고 할 때 가장 중요한 기준점은 부모이다. 좋은 부모는 좋은 환경과 더불어 자식에게 좋은 유전자와 머리를 주고 자식의 재능을 알아보고 그 재능을 꽃피울 수 있게 교육한다. 청소년이 자기가 가야 할 길을 모른다는 것은 그 부모의 무관심과 무지의 결과이다.

인간이 지구에 태어나면서 가장 중요한 복 중 하나는 부모 복이며, 부모 복은 초년 운과 긴밀하게 연결되어 있기도 하다. 카르마와 더불어 부모의 무지는 주로 자식에게 대물림된다. 타고난 초년 복이 좋은 아이들은 어릴 때부터 승승장구한다. 그러나 이렇게 인물 좋고 부모 좋고 공부 잘하는 전형적인 모범생들이 과연 반에서 몇 명이나 되겠는가? 기껏해야 두셋 정도에 불과하다.

많은 젊은이들이 자신의 한계에 좌절하며 자신에게 오는 운과 기회를 미처 알지 못한다. 모르면 당한다. 무지하면 먼 길을 힘들게 돌아가야 한다. 아이의 카르마가 어릴 때부터 돌면 부모는 아이에 대한 통제 불능 상황을 맞이할 수도 있다. 역으로 아이에 대한 통제가 힘든 부모는 바로 '자식 카르마'를 가지고 있는 사람들이다. 자식을 통해서 자신의 모순점을 발견하여 고쳐나가야만 자식이 변한다.

형제 및 친척 관련 카르마

카르마 중에 형제 관련 카르마가 있다. 이런 경우 집안에 애를 먹이는 형제 때문에 가족들이 신경을 써야 하는 경우가 발생한다. 애를 먹이는 형제는 가족들의 블랙홀이 되어 모든 관심과 집중을 한꺼번에 빨아들이게 된다. 형제 관련 카르마는 크게 두 가지로 나눌 수 있다. 첫째는 아픈 형제가 있는 경우, 둘째는 사고치는 형제가 있는 경우이다.

아픈 형제가 있는 경우, 가족들의 관심과 온 신경은 아픈 형제에게 쏠리기 마련이다. 이런 경우 아픈 형제를 가족들이 함께 보살피면서 겪어내야 하는 카르마이다. 의사나 약사 등 치유 관련업에 종사하는 사람들은 종종 집안에 아픈 사람이 있다 보니 저절로 병원 등과 가까이 지낼 수밖에 없고, 이로 인해 사람을 치유하는 업으로 나아가는 사람이 있다.

두 번째, 사고치는 형제가 있는 경우에는 가족들의 돈이 사고치는 형제에게 모두 빨려 들어가는 경우이다. 결국 형제들 간에 돈 때문에 우애를 저버리기도 한다. 형제끼리 다투거나 법정에 서게 되는 경우도 있으며, 형제끼리 악연의 연으로 만나는 경우도 있다. 물론 카르마는 한 가지만 나타나는 것이 아니라 두세 개가 겹쳐져서 나타나게 되는데, 형제 카르마가 있는 경우 부모·자식 카르마도 동시에 겹쳐서 나타난다.

부모 입장에서는 자식 카르마가 될 것이며, 형제 입장에서는 형제 카르마가 될 것이다. 부모의 바른 처신이 안 되었기 때문에 자식이 사자 노릇을 하는 경우가 있으므로 부모 카르마도 일정부분 함께 있다고 보아야 할 것이다. 형제끼리 유산 문제로 법정에 서는 경우가 이런 경우이다.

반면에 친척 카르마의 경우, 부모의 형제로부터 기인한 것이기 때문에 할머니, 할아버지 대로부터 원인을 잡아야 할 것이다. 할머니, 할아버지가 가족 간의 정치를 제대로 못했기 때문에 후손들 간에 다툼이 발생하는 것이다. 이런 경우 친척 간에 연을 끊고 사는 경우가 많다. 형제나 친척 관련 카르마에는 돈이라는 매개체가 끼어 있는 경우가 대부분이다.

재물 카르마

돈과 관련된 카르마를 가지고 있는 사람은 돈이나 물질에 대한 집착이 강한 사람이다. 어릴 적에 너무 가난했거나 혹은 한번 망해봤던 사람은 돈에 집착할 수밖에 없는 흐름으로 흘러가는데, 이러한 집착이 있어야 돈을 벌 수가 있다. 그래서 재물 관련 카르마를 가지고 있는 사람은 크게 흥하거나 크게 망하거나 하는 두 가지 흐름을 가지고 있다.

재물 카르마를 가지고 재물로 성공하는 사람이 있는가 하면, 평생 빈곤을 못 면하고 힘들게 사는 사람도 있다. 악착같은 데가 있는 사람은 어떻게든 성공은 하겠지만 게으르고 악착같지도 못하면 가난을 쉽게 면하지 못한다. 타고난 팔자와 복록이 자신의 상태를 만들기 때문인데 지금의 사회는 옛날처럼 못 먹어서 굶어 죽는 사람은 없다. 조금만 몸을 움직이고 성실하기만 하다면 밥은 굶지 않는다.

- **가난은 나라님도 구제하지 못한다.**

'가난은 나라님도 구제하지 못한다.'라는 속담이 있다. 나라님, 즉 왕이나 대통령이 직접 개입하여 실행하는 복지는 근본적인 삶의 질을 높이지 못한다. 다만 극도의 빈곤만을 면하게 해주고 그나마 사람 구실이나 하라는 선에서 그칠 수밖에 없다.

사람에게는 각자 타고난 프로그램이 있다. 재물 복이 없는 구조를 타고난 사람은 국가에서 복지의 혜택을 받아도 결국 그가 처한 빈곤의 상태를 벗어나지 못한다. 무지함으로 돈을 날린 사람에게 필요한 것은 돈이 아니라 무지함에서 벗어날 깨달음의 지혜이다. 빈곤한 사람에게 많은 돈을 주면 그 사람이 일어설 수 있을까? 90퍼센트 이상이 일어서지 못하고 그 돈을 전부 날릴 것이다.

타고난 팔자로 돈이 그에게 머물지 않기 때문이다. 돈이 들어오면 절대 안 빠져나가는 사람이 있는가 하면, 돈이 들어오는 순간 돈이 빠져나가는 사람이 있다. 전자에게 돈을 주면 그 사람은 돈을 지킬 것이나 후자에게 돈을 주면 돈을 지키지 못한다.

빈곤의 카르마로 태어난 사람들에게 필요한 것은 돈이 아니라 돈을 벌 수 있는 교육이다. 각자의 성향에 맞는 맞춤식 교육으로 각자의 개성을 살리고, 평생 벌어먹을 수 있는 직업에 힘을 실어주어야 최소한의 빈곤을 막을 수 있다.

빈곤을 없애는 방법은 교육밖에 없는데, 타고난 성향이 돈이 빠져나가는 구조라면 그 사람은 다시 빈곤을 맞이하게 된다. 결국 가난은 스스로 극복하는 것이지 나라님이 구제할 수는 없는 것이다. 국가가 개개인의 빈곤에 개입할 수는 없다. 국가가 훌륭한 시스템을 제공하고 시스템의 혜택을 받았다 하더라도 돈이 자신에게 머물지 않고 빠져나가는 사람은 이번 생에 빈곤이 자신의 카르마이다.

빈곤한 사람은 근검절약이라도 해야 하는데 성향이 근검절약과 멀다면 이 또한 잠재적 빈곤 대상자가 된다. 교육을 통해 근검절약의 중요성을 알려주더라도 스무 살이 되면 자신의 성향대로 살아가게 되기 때문에 빈곤을 막을 수는 없다. 시스템이 해결해줄 수 없는 영역이 바로 개개인의 성향인 것이다. 성향은 타고나며, 각자의 일정이 이번 생에 존재한다.

 만약 놀기 좋아하고 게으른 성향을 타고난 자에게 훌륭한 교육 시스템이 먹힐까? 타고나기를 사치스러운 사람에게 근검절약이 먹힐까? 재물 복이 평균 수준에서 한참 떨어지는 부류들이 과연 열심히 일을 해서 돈을 모을 수 있을까? 만약 재물 복이 없는 사람이 어떻게 해서 돈을 모았다고 하더라도 친구에게 사기를 당하거나 부모형제가 그에게서 돈을 털어간다면? 따라서 가난 또한 각자에게 주어진 카르마이며 극복해야 할 미션 중 하나이다. 돈을 주기보다는 스스로 일어서는 힘과 분별력을 갖추어야 다음에 무지가 반복되지 않는 것이다.

 어릴 적 가난은 물질에 대한 집착을 강하게 만들어 역으로 물질로 성공하게 만드는 원천이 되기도 한다. 그래서 재물 카르마를 타고나는 사람은 재물로 망해도 보고 재물로 성공도 해보며 돈이라는 에너지 흐름을 배우는 중인 것이다. 돈 카르마가 있는 사람이 돈으로 성공도 해보고 돈으로 망해보기도 하는 것이다.

직장 카르마

가족과의 카르마로 엮인 사람이 아닌 경우, 외부에서 카르마 인연이 치고 들어오는 경우가 있다. 이런 경우 집안에서는 자신의 의도와 뜻대로 가족들이 자신을 잘 맞추어 주었지만 자신의 모순이 사회에 나가서 사람들과 부딪치는 경우가 있다. 즉 가정에서 배우지 못한 교육을 사회를 통해 받고 있는 형국인데, 이런 경우가 바로 직장 카르마이다.

가정이라는 곳은 어느 정도 자신의 고집과 아집이 받아들여지는 곳이나, 사회에서는 그런 부분은 여지없이 치고 들어오기 마련이다. 카르마라는 것은 자신의 모순점을 개선해 나가기 위해 세팅된 장치이기 때문에 자신의 모순은 자신과 반대의 포지션에서 움직이는 사람과 부딪치게 된다. 상대에게서 나오는 불만은 자기 안의 불만을 상대가 표현한 것이며, 가족들을 통해서 잘 드러나지 않았던 것들이 외부의 사람을 통해서 나타나는 것이다.

직장 카르마의 경우 들어가는 회사마다 트러블을 일으켜서 잦은 회사 이동을 하는 경우와 상사나 동료 혹은 아래 부하와의 관계에서 악연을 만나는 경우가 있다. 또한 하극상과 관련된 카르마도 직장 카르마에 해당된다.

하극상이란 자신이 상사를 치거나, 반대로 아랫사람이 본인에게 하극상을 일으키는 행위이다. 집안에서 독불장군으로 지내는 사람이 회사에서 하극상이 발생하는 경우가 종종 있는데, 집안에서는 자신의 독불장군식 태도가 통했을지 모르지만 사회에서는 그러한 행위가 통하지 않기 때문에 자신의 모난 부분을 고쳐줄 사자(使者)가 사람을 통해 치고 들어오는 것이다. 특히 외동인 경우 가정에서 배우지 못한 배움을 사회에서 배우기 때문에 직장 관련 카르마가 있는 경우가 많다.

  직장 카르마가 있는 사람은 사람을 통해서 자신의 성격을 가다듬으라는 뜻이다. 또한 직장이 망하거나 분쟁이 자주 발생하는 곳에 들어가는 경우, 직장 내 사람들 간에 발생되는 모순을 보면서 직장의 분쟁을 해결하고 조정하는 방법을 배워나가는 공부가 세팅되었기 때문에 그러한 환경에 계속해서 노출되는 것이다. 자신에게 다가오는 환경은 배움의 환경이며, 매 순간 공부거리로 삼는다면 스스로도 큰 발전을 할 수 있을 것이다.

질병 카르마

질병 카르마의 경우 가문으로부터 내려오는 유전적인 경향이 강하다. 암 환자가 있는 집안에 암 환자가 나오고, 심장병 질환이 있는 집안에 심장병 환자가 나오는 법이다. 유전적 성향에 의해 병이 발현되는 것이 질병 카르마에 해당되는데, 식습관을 비롯하여 생활습관이 비슷하게 흘러내려오기 때문에 특정 질병으로 유전이 되는 것이기도 하다.

질병의 경우 고집에 의한 질병이 많다. 자신만의 틀이 고착화 되어 전체 에너지와의 단절 또는 고립이 일어나면서 나타난다. 질병은 왜곡된 생각으로부터 출발하며 왜곡된 생각은 몸의 균형을 틀어지게 만들고 에너지를 막히게 만들면서 질병을 유발한다.

거대한 호수에서 따로 떨어져 나온 물줄기도 웅덩이에 고립되면 물은 썩기 마련이다. 즉 전체 에너지와 단절되었기 때문에 자신만의 고립된 에너지장 속에서 스스로 회복을 시키지 못하면 질병으로 발전하는 것이다.

본인이 직접 질병을 앓고 있는 경우, 본인은 가족의 블랙홀이 되어 에너지를 빨아들이게 되고 가족들은 계속해서 본인에게 에너지를 수혈해야만 하는 상황에 처하게 된다. 따라서 질병 카르마를 가지고 있는 사람의 경우에는 자신만의 고집과 아집을 내려놓고 주변의 정보와 기운을 약 삼아 모두 흡수해야 한다.

사람은 눈이 밖으로 달려서 자신을 잘 바라보지 못한다. 오히려 상대방이 자신이 못 보는 자신을 더 잘 보기도 한다. 해결하지 못한 채 묵혀 놓았던 감정의 부산물들은 밖으로 끄집어내야 해결될 수 있다. 병이나 문제점은 밖으로 드러나야 치료하고 풀어낼 수 있는 법이다. 안에 묻어두면 절대 낫지 않는다. 스스로 해결할 수 없기 때문에 자신을 상대에게 맡겨버리는 것이다. 스스로 드러내지 못하기 때문에 질병이라는 모습으로 드러나는 것이다.

질병이 오는 사람의 경우, 자신의 생각 패러다임을 완전히 뜯어고쳐 자신의 고집을 내려놓고 새롭게 공부하는 자세로 삶을 시작해야 질병의 강도가 줄어든다. 질병이 내 몸에 왔다는 것은 깨달을 것이 있다는 신호이며 새로운 변화를 주라는 시그널이다. 질병을 안고 있는 부모처럼 살면 똑같이 비슷한 질병이 발생할 수 있기 때문에 먼저 환경을 바꾸어주는 것이 필요하다.

질병이 찾아온 뒤 그동안의 생활패턴을 바꾸어 시골로 내려가거나 산에 들어가서 자연과 더불어 새로운 삶을 영위하는 경우 질병이 많이 낫기도 한다. 이처럼 기존의 관성을 벗어나 안 좋은 습관을 고치면 병은 어느 정도 호전될 수 있다.

질병 관련 카르마의 경우 병원 관련 에너지장과 연결된 사람이 있다. 이런 경우 치유사와 환자라는 관계성 속에서 자신의 병을 치유하면서 자신의 에너지가 한층 성장하면 치유사의 길로 접어들 수 있다. 의사와 환자는 비슷하지만 반대되는 역할 관계성 속에서 깨달아야 하는 코드가 있다. 즉 같은 에너지 준위에 있다는 것이다.

　상황이 조금 좋은 사람이 의사가 되는 것이고, 상황이 떨어지는 사람이 환자가 되는 것이다. 환자였던 사람이 치유하는 사람이 되기도 하고, 치유하던 사람이 환자가 되기도 한다. 환자는 공부한다는 자세로 남의 말을 잘 듣고 에너지를 잘 흡수해야 하고, 의사는 환자에게 바르게 살도록 환자를 가르쳐야 한다. 환자가 마음을 열어 에너지를 받을 수 있게 정성이라는 약을 써야 한다.

감금 카르마

　직장에 취직이 안 되거나 무엇을 해도 방해가 있고 가로막음이 생겨 홀로 도를 닦는 시간이 길어지는 사람들은 감금 카르마가 있는 것이다. 대체적으로 이런 사람의 경우 나이가 40이 넘어서 발복되는 경우가 많다. 일찍 피는 꽃이라기보다는 늦게 피는 꽃으로 오랜 시간 자신을 단련하고 정련하는 시간을 갖는 사람이다.

　이런 사람은 자신이 꽃피어야 하는 시기가 도래하기 전까지는 무엇을 해도 안 되고 하고 싶은 마음도 안 생긴다. 하지만 집에서 밥만 축내는 것처럼 보여도 주변의 정보를 흡수하면서 자신만의 공부를 하고 있는 중이다. 세상의 모든 것이 불만스럽고 세상의 모순 덩어리가 보이며 세상에 대한 환멸을 느끼기도 하는데, 이러한 세상의 모순을 보면서 깨달아야 하는 코드가 있다.

　이런 사람들은 자신에 대한 기대치가 큰 편으로 낮은 일은 절대 하지 못하고 세팅된 무대에 오르고자 하는 경우가 많다. 이상과 기대가 커서 사회에 나가 남 아래에서 일을 하는 것이 안 되기 때문에 스스로 망상을 갖거나 스스로를 고립시키기도 한다. 이렇게 오랜 시간 감금되어 가족들의 압박을 받다 보면 자신의 이상과 기대도 점점 내려오게 되고 자신만의 고집과 아집을 내려놓은 뒤 사회에 잘 적응하기도 한다.

　감금 카르마는 전생의 업이 크게 작용하는 경우가 많다. 하나의 예를 들면 전생에 사람을 많이 죽인 검객의 경우, 현생에서는 감금 카르마로 발현되기도 한다. 이는 세상에 일찍 나가지 못하도록 발목을 잡아놓는 형국으로, 자신을 정련하고 다스리는 시간을 오래 가지라는 뜻이다.

이런 사람의 경우 현생에서는 병원이나 교도소, 공공시설이나 요양시설 등에서 일을 할 가능성이 높다. 이번 생은 스스로 고립되어 남을 돕고 치유하면서 스스로도 치유하는 시간을 가지라는 뜻이다.

카르마의 특징

에너지 쟁탈전

지구 생활은 언제나 2% 부족하다. 부족한 부분을 채워나가는 것이 지구 생활이기도 하다. 다 가지려 하면 다 놓쳐버리게 마련이다. 인생은 뜻대로 흘러가지 않고 삶은 자기 마음대로 움직여지지 않으며 소통을 하기 위해서는 내가 가진 부분을 어느 정도 감수하면서 내어놓아야 한다. 손에 쥔 것을 내려놓아야 새로운 것을 잡을 수 있다.

부족한 부분이 있기 때문에 지구에 내려오는 것이며, 부족한 부분이 있기 때문에 서로 에너지 쟁탈전을 벌이는 것이다. 에너지 쟁탈에는 국가 간 에너지 쟁탈도 있지만 남녀 간의 에너지 쟁탈도 있다. 서로 부족한 부분을 메우기 위한 쟁탈전이다.

남녀가 서로 싸울 때 서로 당한 부분, 피해를 입은 부분에 대해 서로에게 이야기를 하면서 부족한 에너지를 상대에게서 끌어오려 에너지 쟁탈전을 벌이는 것이다.

연인에게 에너지 쟁탈은 밀당(밀고 당기기)처럼 보이기도 하지만 이는 철저히 부족한 에너지를 끌어당기기 위한 행위이다.

  가난했던 사람이 악착같이 돈에 대한 집념이 생기는 것이나 남편에게 받지 못한 사랑은 자식에게 강한 집착으로 나타나고, 부모에게 받지 못한 사랑은 배우자에 대한 집착으로 나타난다. 부족한 부분을 다른 곳에서 메우려 하는 속성 때문이다.

  피해 의식은 반대극성을 끌어당기는 원인이 된다. 또한 악했던 사람이 큰 선이 될 수도 있는데, 악을 품었던 만큼의 공간에 빛을 담을 수 있기 때문이다. 그만큼 상처가 클수록 상대를 품는 마음은 더욱 커지게 마련이다.

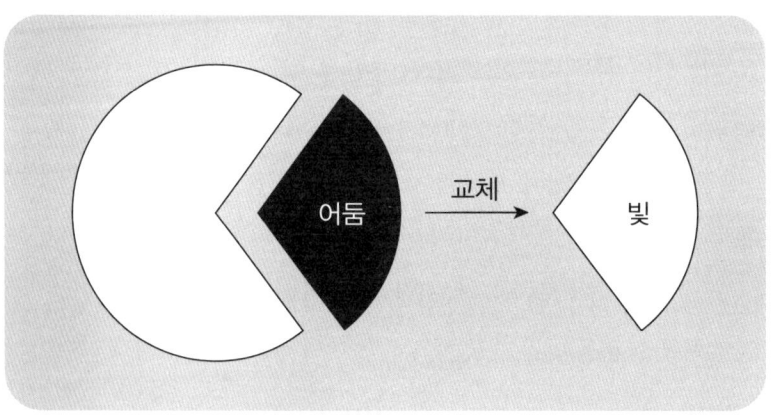

카르마가 센 사람이
성적 끌림도 강한 편이다

　인연과 인연이 만날 때 '첫눈에 반했다'라는 말이 있다. 첫 눈에 느낌이 확 꽂혔다는 이야기인데, 첫눈에 반하려면 자신의 이상형을 발견하거나 혹은 어느 정도 성적 끌림이 있어야 가능한 일이기도 하다. 인연의 만남은 지구 생활의 묘미이기도 하다. 성적 끌림은 사람의 이성을 마비시키고 감성을 자극하는 묘약과 같다. 사람도 이상하게 카르마가 센 사람이 성적 끌림도 강한 편이다. 카르마라는 기운의 블랙홀을 가지고 있어서 상대방이 끌려 들어가게 되어 있다. 즉 불완전함을 완전함으로 채우려는 속성 때문이기도 하다.

　카르마가 센 사람은 독성이 강한 꽃과 같다. 아름답지만 독을 품고 있는 꽃과 같이 카르마가 강한 사람은 주변 사람을 블랙홀처럼 빨아들인다. 그래서 우리는 결혼할 인연을 선택할 때 항상 기로에 선다.

　관념적으로 들어갈 것인가?
　본능에 충실할 것인가?
　성적 끌림을 따라갈 것인가?
　안정적인 사람을 찾을 것인가?

　성적 끌림도 강하면서 안정적인 사람을 만나기는 힘들다. 성적 끌림이 강하면 스펙이나 가정환경이 떨어지고 스펙이나 가정환경이 좋으면 성적 끌림이 다소 떨어진다. 성적 끌림의 유효기간은 사랑의 유효기간이다. 성적 끌림의 시간이 지나고 나면 그 이후에는 그 사람과

의식적 소통이 되느냐 안 되느냐를 따지게 된다. 따라서 배우자를 만나려거든 말이 통하는 사람을 만나야 한다. 그래야 사랑의 유효기간이 지나고도 친구처럼 지낼 수 있는 것이다. 성적 끌림으로만 들어가면 유효기간이 끝난 뒤에는 친구가 아니라 원수로 바뀌기도 한다.

  이상하게 안정적인 가정환경의 사람이 막장 집안의 카르마로 끌려 들어가려 하고, 막장 집안의 사람은 안정된 가정환경에서 안정을 찾고 싶어 한다. 안정된 결혼생활을 원하거든 성적 끌림이 떨어지더라도 가정환경이 안정된 사람을 만나야 한다. 성적 끌림이 강한 사람은 카르마도 세기 때문에 파란만장한 롤러코스터 인생을 살게 된다.

카르마의 강제집행

카르마는 꽉 차오를 때 압이 눌렸다가 폭발하면서 사건 사고를 일으킨다. 사건 사고가 발생한다는 것은 변화가 시작되었다는 메시지이다.

변화를 요구하는 변화의 연금술사가 가까이 다가오며 빨리 변하라는 신호를 주지만, 우리는 그 신호를 무시하고 질량이 꽉 차서 주변이 깨어지기 시작할 때 비로소 알아차린다는 것이다. 그때는 걷잡을 수 없는 소용돌이 속에서 깨닫는 수밖에 없다.

에고로 뭉친 자존심을 버리고 자신의 틀을 깨고 세상으로 나오라는 신호이다. 동시에 감추어 두었던, 숨기고 싶었던, 자신을 무겁게 짓누르는 이야기를 이제 수면으로 들어 올리라는 메시지이다. 그 메시지를 깨닫지 못하면 주변부터 죄여오면서 사건 사고에 의한 강제집행이 들어가는 것이다. 이때 필요한 것이 생즉사 사즉생(生卽死 死卽生)이다.

'살려 하면 죽을 것이요, 죽으려 하면 살 것이니.' 살고자 하는 것은 에고의 몸부림이요, 죽었다가 살아나는 것은 재탄생된 나, 즉 순수의 본성이다.

물질 세상에서의 빚도 처음엔 독촉장이 날아오다가 나중엔 차압이 들어가듯 우리의 카르마도 강제집행이 들어간다. 강제집행이 들어갈 때는 재물이 날아가든지 몸을 치든지 한다. 처음엔 작은 사건 사고들로 신호를 주다가 나중엔 점점 커져 걷잡을 수 없는 상황으로 치닫게 된다.

내 마음에 감추고 싶은 비밀, 숨기고 싶은 것들, 그리고 무의식중에 남아 있는 부유물들은 언젠가는 떠오르고 밝혀지기 마련이다. 어둠 속에 해가 뜨면 세상의 모든 것을 밝히듯 우리의 마음속에 어두운 상념 또한 언젠가는 드러날 것이다.

나를 죽이는 것처럼 다가오는 변화의 연금술사는 나를 죽이러 오는 것이 아니라 나를 재탄생시키기 위한 집행자로 다가오는 것이다. 카르마는 세상을 사는 데 있어 중요한 것이 무엇인지를 깨닫게 만드는 스승이기도 하다.

수정할 수 있을 때 수정하고 변화하라! 그럼에도 불구하고 변화하지 못하면 카르마의 강제집행이 들어간다. 강제집행에 들어갔다는 것은 자신의 손을 떠났다는 것이며, 걷잡을 수 없는 소용돌이 속에 빠져들었다는 것이다.

카르마의 시작과 마지막 (뫼비우스)

> "돌고 돌아 무한대로 연결되는 뫼비우스 띠"
> "안과 밖의 구별이 없는 뫼비우스 띠"
> "처음과 마지막이 만나는 뫼비우스 띠"

뫼비우스 띠에는 많은 상징코드가 담겨져 있다. 뫼비우스 띠는 경계가 하나밖에 없는 2차원 도형으로 안과 밖의 구별이 없다. 뫼비우스 띠를 만드는 방법은 종이를 길게 잘라서 띠를 만든 다음 종이를 한번 꼬아 붙이면 뫼비우스 띠가 된다. 그리고 뫼비우스 띠 중앙에 선을 그려 넣으면 두 바퀴를 돌아 처음 시작점으로 되돌아온다. 띠를 한번 꼬아 연결하면 무한 반복되는 ∞가 나타난다. 꼬리에 꼬리를 무는 우로보로스(Ouroboros)처럼 뫼비우스 띠도 시작과 끝이 연결된 안과 밖이 연결된 기하학 도형이다.

뫼비우스 띠에서는 한 번 꼬아진 부분이 핵심이다. 이 꼬아진 부분 때문에 처음 시작으로 소급되는 것이다. 꼬인 부분은 처음으로 돌아가고자 하는 힘, 즉 힘의 평형상태를 유지하려는 균형 차원에서 형성된 꼬임으로 이 꼬임이 있어야 처음과 끝이 안과 밖의 구별이 없는 가운데 만날 수 있는 것이다.

이 뫼비우스 띠를 영적으로 설명해 보자면, 안과 밖은 우리의 현실계와 영계를 뜻한다. 밖의 표면은 보이는 부분의 현실계이고 안의 표면은 보이지 않는 영계라면, 안과 밖은 뗄 수 없게 연결된 부분이 있다. 이 꼬임은 카르마에 해당된다. 아버지의 아버지로 올라가 맨 선조는 또다시 맨 마지막 아들로 나온다. 즉 처음 시조는 맨 마지막에 등장을 하는 것이다.

처음 봉인을 연 자가 마지막 봉인을 닫아야 하듯, 처음의 시조는 마지막을 해결하러 온다. 현재를 살고 있는 우리는 처음 시조이자 마지막 후손이다.

어쩌면 현재 시간을 살고 있는 우리의 영혼은 아버지의 아버지, 그 위에 아버지 영혼이었을 수도 있다. 대를 걸쳐 내려와 지금의 마지막 자손은 우리의 선조 영혼인 셈으로, 중간에 한 번 꼬인 실타래가 우리의 카르마를 형성하는 최초 시발점이었다. 이 꼬임은 마치 처음과 끝을 연결하여 완성을 만들어 내려는 것처럼 힘의 균형적 차원에서 발생된 꼬임이다. 마치 카르마가 힘의 균형을 되돌리기 위한 행위인 것처럼 말이다.

최초의 꼬임은 아담과 이브가 뱀의 유혹에 넘어가 선악과를 따먹던 순간 발생된 엇갈림의 시작으로, 이러한 꼬인 실타래를 풀어가는 과정이 바로 카르마를 풀어가는 과정이 된다.

꼬임, 즉 모든 회전체는 만물의 기본 운동이다. 지구는 스스로 회전하면서 태양 주위를 돌고, 전자는 원자 주변을 돌고, 원자를 이루고 있는 쿼크도 스스로 회전한다. 모든 만물이 회전을 한다는 것은 살아 있는 생명체라는 것이다. 가장 작은 것부터 가장 큰 것에 이르기까지 작은 것은 큰 것 주위를 돌고, 큰 것은 더 큰 것의 주위를 돌고, 카르마 또한 실타래처럼 꼬여 있다.

카르마는 인간 정신의 복제품이다. 윗대에서 풀지 못한 카르마는 후대로 내려오고 후대에서 풀지 못하면 그 아래로 점점 가중되어 내려간다. 이 회전을 역회전으로 돌리는 것이 '순간의 깨달음'이다. 내가 깨닫는 순간 힘의 불균형상태는 균형상태의 제자리로 복원하는 것이다. 따라서 균형의 자리로 돌리는 카르마 종결자들이 바로 선조 씨앗들이다.

카르마 종결자

　가문 대대로 내려오는 모순을 깨닫는 자, 모순을 바꾸려 하는 자가 바로 카르마 종결자이다. 카르마 종결자는 불완전한 에너지를 완전한 에너지로 유턴시키는 자들로, 이들은 자신을 위해 살기보다는 남을 위해서 산다. 가문의 모순과 부조리함을 정리하고 변화의 시작을 여는 사람들이다. 그래서 이들의 카르마는 센 편이며 남을 위해서 자신을 헌신하고 희생하며 상대의 아픔을 치유하고자 한다.

약사도인과 연금술사

　치유라는 행위는 나를 위하는 마음보다는 남을 위하는 이타적인 마음에서 발현된다. 너를 빛내어 내가 빛나는 상생의 행위이기도 하다. 치유의 행위는 여러 가지 형태들이 있다. 직접 메스를 대서 수술을 하기도 하고, 약으로 고치기도 하며, 말로 치유를 하기도 하고, 손이나 침으로 치유를 하기도 하고, 음식으로도 치유를 한다. 치유의 방법에는 여러 가지 다양한 방법들이 있지만 카운슬러나 상담사가 대화로 치유를 하는 사람이라면, 약사는 약으로 치유를 하는 사람이다.

고대에 약사는 치유사였다. 그러나 지금의 약사는 치유사라기보다는 약을 파는 매점처럼 변하고 말았다. 의약분업이 생긴 이후부터 약사의 권위는 의사 아래로 떨어져 버렸는데 원래 약사는 약사 고유의 권한이 있는 자리였다. 약사라는 직업은 약으로 인간을 치유하는 신성한 직업이었음에도 불구하고 스스로 가치를 하락시켜 버렸다. 현대의 약사들은 아픔을 안 아프게 무마시킬 뿐, 근원적 문제 해결 방안을 주지 않는다.

병이라는 것은 근원적 문제가 해결되면 스스로 원상회복이 되는 것인데, 단순히 아픈 것을 안 아프게 만들면 다음엔 더 큰 병이 찾아오게 된다. 아픔이 시작되기 전에 원인을 바로잡아야 병으로 발전되지 않는다. 일정 한계선까지는 자연치유가 되지만 한계선을 넘어가면 자연치유가 되지 않기 때문에 이 시기에는 약에 의존하게 된다.

치유사가 아픈 사람을 약이든, 예술이든, 대화든 여러 가지 방식으로 치유하는 사람이라면, 연금술사는 병의 근원을 알고 근원을 치유하여 새로운 사람으로 재탄생시키는 사람이다. 근원의 문제를 치유해야만 병이 낫고 새로운 살이 돋아나는 것이다.

치유 관련 직업을 삼고 있는 사람들은 자기 가문의 카르마 종결자인 경우가 많다. 이들은 집안 대대로 치유의 기운을 가지고 태어난다. 약사나 의사의 경우 그 집 가문에 대대로 치유의 흔적이 있는 사람들이 이 길을 걷게 된다. 현재 자신이 하고 있는 직업을 보면 본인의 카르마가 보인다.

 약사나 의사의 경우 아픈 환자들이 자기 앞에 오게 되어 있다. 아픈 환자들이 자기 앞에 오게 되었다는 것은 그 사람들을 통해서 깨닫고 배워야 하는 부분이 있기 때문이다. 자기 앞에 온 환자들을 잘 치유하여 나갈 때 공덕이 쌓이는 것이며 그때 비로소 그 집안의 카르마적 채무가 청산되는 것이다.

 아픈 환자를 공부 자료로 활용하는 의사나 약사는 자신의 역할을 제대로 하지 못할 경우, 현생에서 본인 자신이 환자가 되거나 후대에서 특정 질병의 환자가 나오게 된다. 즉 환자와 의사는 같은 준위의 파동 대에 머물고 있는데 아파서 병원에 들어가거나 치료하러 병원에 들어간다는 점은 공통된 점이다.

 만약 병원 관련 카르마가 있다면 의사나 간호사의 길로 쉽게 들어갈 것이며, 의사의 길로 접어들지 못했다면 환자의 신분으로 병원에 들어갈 것이다. 즉 환자가 되어서든 직업적으로든 병원에 들어가게 된다. 또한 병원 관련 카르마가 없는 사람이라면 기를 쓰고 의사가 되려고 해도 안 될 것이다. 약사, 의사 등 각종 치유사의 길을 걷고자 하는 사람들은 이타적인 삶을 살아야 한다. 이타적인 마음으로 사람을 치유하지 않으면 치유의 기운은 거두어지고 본인이 직접 환자가 되어 병고를 체험하게 될 확률이 높다.

카르마를 해결하지 못하면 카르마가 다시 반복되고, 다시 반복될 경우 카르마의 질량은 더 높아진다. 만약 치유의 기운을 잘 다스려 사람들을 치유하게 되면 에너지가 업그레이드되어 남을 가르치는 직업으로 들어가게 된다. 따라서 약사는 자기 앞에 다가온 환자를 정성껏 살펴보아야 한다. 그러다 보면 의식이 업그레이드되어 치유사가 되고 치유사의 길을 제대로 걷는다면 연금술사의 길을 걷게 된다.

연금술사는 약사가 가야 할 최고 정점이다. 연금술사는 인간 의식을 변형시키고 재탄생시키는 마법사이다. 인간을 새롭게 부활시키고 재탄생시키는 과정까지 가야만 최고 반열에 오른 도인이 되는 것이다. 그래서 나는 약사도인을 연금술사라 부른다.

상담자 (카운슬러)

요즘 사람들은 세상을 위해 가치 있는 일을 하고 싶어 하기 때문에 남을 돕는 카운슬러나 심리 치료에 관심을 두는 사람들이 많다. 상담을 하면서 특히 이런 분들이 상담 신청을 많이 해왔는데, 심리 상담이나 심리 치료, 혹은 상담사 등을 하려는 사람들은 네 가지 패턴을 가지고 있다.

1. 형제 중 정신적 · 신체적 장애가 있는 경우
2. 스스로 심리 치유를 받아야 하는 사람
3. 이번 생에 남을 많이 도와야 하는 사람
4. 만나야 할 특수 인연이 있는 사람

형제 중 정신적 · 신체적 장애가 있는 사람의 경우에는 카운슬러의 길로 가고자 하는 사람이 집안의 카르마를 푸는 핵심 인물이다. 즉 집안에 정신적·신체적 장애가 있다는 것은 조상 대로부터 서서히 쌓인 업의 결과물이기 때문에 남을 도우면서 공부를 해야 하는 사람들이다. 이들은 가문의 종결자이며 카르마를 푸는 사람이다. 카르마가 강한 집안이라서 이들 또한 카르마가 강하다.

스스로 심리 치유를 받아야 하는 사람은 상담을 하면서 자아성찰 공부를 해야 하는데, 상대를 거울삼아 스스로를 치유해야 하는 사람이다. 상대 속에 투영된 자신의 모습을 보고 화장을 고치듯 고쳐가면서 스스로 치유하는 과정을 거친다. 카운슬러의 길로 가고자 한다는 것은 인간 마음에 관심이 있는 사람들로 자신을 성찰하는 시간을 가지며, 정신 영역에 관심이 많은 사람들이기도 하다.

이번 생에 남을 도와야 하는 사람은 전생에 영적인 채무가 많은 사람으로, 자신이 의도하든 의도하지 않든 간에 사람을 죽게 한 업보로 인해 이번 생에는 사람을 살려야 하는 의무를 갖고 태어난 사람이다.

영적인 빚을 탕감하는 길은 타인을 돕는 길밖에 없다. 타인을 빛내줄 때 자신의 영적 채무가 탕감되면서 영혼의 무게가 가벼워지는 것이다.

만나야 할 특수인연이 있는 사람은 상담을 하면서 자신과 연결된 중요인연들을 만나게 된다. 이런 사람의 경우 한시적으로 카운슬러라는 직업을 갖게 된다.

현대사회는 육체는 멀쩡해 보여도 정신적 불구자가 많은 세상이다. 정신적 불균형의 원인을 파고들면 조상 대로부터 이어진 카르마의 결과이기도 하다. 따라서 그 원인을 파헤쳐 들어가려면 3대를 거슬러 올라가야 한다.

할아버지-아버지-나로 이어지는 고리 속에서 나에게 가장 직접적으로 영향을 미치는 사람은 아버지이다. 아버지는 할아버지로부터 영향을 강하게 받았기 때문에 할아버지 대부터 풀어나가야 한다. 나를 알려면 부모부터 이해해야 하고, 부모를 알려면 조부모를 이해해야 한다. 나의 현재 모습의 원인은 그분들로부터 출발하기 때문이다. 물론 더 깊게 들어가면 전생까지 연결되어 있지만 전생의 코드는 현생의 자신 안에 정보가 모두 담겨 있다.

깨달음은 만병의 치유약이기도 하다. 스스로 이해가 되어야만 얽힌 고리가 풀리는 법이다. 그러나 현대의 카운슬러들은 전생을 잡을 줄도 모르고 카르마를 알지 못하므로 심리 상담은 생각보다 수월하지 않은 것이 현실이다. 카르마를 모르고서는 진정한 카운슬러가 될 수 없다.

카르마 종결자는 시조가 되라!

 원의 마지막과 시작은 연결되어 있다. 뫼비우스 띠나 우로보로스처럼 처음과 끝이 서로 맞물려 있는데 우로보로스는 뱀이 자기 꼬리를 물고 있는 형태이다.

 마지막을 장식하는 사람은 처음의 시작을 연 사람들이다. 따라서 마지막 카르마 종결자들은 유턴을 시작하는 선조들인 셈으로 이들부터 모순이 바로잡혀지고 이들부터 제대로 된 흐름으로 들어가게 된다.

 카르마 종결자는 마지막 후손이자 선조로, 자신이 처음 문을 열고 마지막에 문을 닫는 자가 된다. 이들은 스스로 깨닫는 자이다. 아무

리 약사, 의사, 카운슬러라고 해도 스스로 깨닫지 못한다면 이들은 카르마 종결자가 아니다. 카르마 종결자는 자신의 모순을 깨달아 바로잡는 사람들이다. 또한 모순을 바로잡으면 바른 분별력이 생기고, 바른 분별력이 생기면 사람을 이끌 수 있다.

카르마 종결자는 스스로 변화를 시작하는 사람들이다. 이들은 모순을 종식하고 새로운 법을 만들 수 있는 사람들이다. 카르마 종결자는 시조가 된다.

우리가 역사를 통해 알고 있는 해모수나 주몽은 부여의 시조, 고구려의 시조라고 표현을 한다. 즉 나라를 세운 중요 인물이기에 시조(始祖)라는 이름이 붙는 것이다. 시조란 말은 한겨레나 가계의 맨 처음이 되는 조상을 뜻한다. 신라의 시조 박혁거세, 고조선의 시조 단군 등 처음을 세운 사람을 시조라 한다. 또한 어떤 학문이나 기술을 처음으로 연 사람도 시조라 부른다. 언어적으로 보면 나중 것의 바탕이 된 맨 처음의 것을 시조라 부르듯 맨 처음 무언가를 세운 사람을 '시조'라 한다.

부모 대로부터 이어져 온 카르마를 종결시키고 가문의 정신을 새롭게 만드는 시조가 되라! 당신이 세운 이념과 사상이 아래 후손에게 길이 빛날 수 있는 이념을 가져라! 시조는 깨어 있는 자만이 시작할 수 있고 개척하는 자만이 시작할 수 있다.

당신 부모는 당신이 가장 빛나고 가치 있는 삶을 살길 바랄 것이다.

지금의 시대는 카르마가 종결되는 시대로 이전의 낡은 삶을 마무리하고 새로운 시대를 열어야 하는 시점으로 접어들었다. 지금을 살고 있는 당신들은 최고의 지식과 지혜를 담은 완숙자가 되어가고 있다.

가족 중에서도 먼저 깨어 있는 자, 먼저 아는 자, 생각이 있는 자가 가족의 기둥이 될 수 있는 법이다. 당신은 가문의 맨 마지막을 장식하지만 새로운 시대의 첫 주인이기도 하다. 새로운 시대에 새로운 가문을 이끌어갈 시조가 되라고 이야기하는 것이다. 가문뿐만이 아니라 자신의 분야에서도 시조가 되길 바란다.

통일 한국을 맞이하는 당신은 모두 가문의 첫 시조가 될 것이다. 기존의 생각과 사상이 아닌, 새로운 생각과 사상을 담은 새로운 시조로 탄생되는 것이다.

앞으로의 세상은 인간이 신이 되는 사회이다. 모든 세대의 지식과 지혜를 압축하여 담고 있는 당신은 최고 질량의 인간이다. 지금 당장 눈앞에 힘든 일은 자신의 욕심을 조금만 내려놓으면 편해질 수 있는 일들이며, 먹고사는 문제는 근면과 성실만 있으면 해결되는 문제이다. 중요한 것은 지금을 살고 있는 당신의 마음이 가장 큰 문제인 것이다.

모든 걸 가졌어도 풍족하다고 느끼지 못하고, 모든 걸 갖추었으되 쓸 곳이 없는 것 같고, 잘 먹고 잘 써도 부족하다 느끼는 것은 지금 당신의 마음이 허하기 때문이다. 물질이 부족해서가 아니라 에너지의 고갈과 마음의 빈곤 때문이다. 자신이 갖춘 지식이든 지혜든 지금 당장 쓸 곳이 없다는 것은 조금 더 갖추는 시간을 가지라는 뜻이다.

시조는 외롭다. 없는 길을 만들어가기 때문에 험난하다. 그러나 길을 만들 사람이 오직 당신밖에 없기에 당신이 만들어가는 것이다. 그래서 시조는 외롭다. 그러나 시조는 대대손손 그 정신을 물려줄 수 있다.

힘들겠지만 조금 더 아는 당신이, 조금 더 깨어 있는 당신이 먼저 변하라. 부모나 형제를 바꾸려 하지 말고 당신이 먼저 변해라!
당신이 변하면 주변의 사람들이 바뀐다. 존중을 받게 만드는 것도, 사랑을 받게 만드는 것도, 귀하게 만드는 것도 모두 당신의 말과 행동에서 나온다는 것을 명심하라!

카르마와 윤회

윤회의 비밀
– 뿌린 대로 거두리라!

우리의 삶에서 윤회를 빼버리면 인생에 대한 삽질만 계속하게 된다. 모든 원인과 결과를 이번 생에서만 찾으려 하다 보니 문제가 안 풀리는 것이다. '뿌린 대로 거두리라'라는 말이 이번 생에 국한된 말이 아니라 자신의 전생, 현생, 내생을 모두 포함한 총체적인 영혼을 위한 진리의 말이다.

윤회란? 수레바퀴가 끊임없이 구르는 것과 같이 중생의 인생이 번뇌와 업에 의해 생사 세계를 그치지 아니하고 돌고 도는 것이라는 뜻이다. 이번 생에 풀지 못한 업(Karma)은 다음 생에 이어지고, 다음 생에 풀지 못하면 그다음 생으로 이어진다. 그런데 이런 영혼의 성장 과정을 모두 건너뛰고 기독교에서는 곧바로 천국의 개념을 도입해버렸다. 영혼의 성장 과정을 무시하고 예수만 믿으면 바로 해탈한다는 말인데 해탈은 마지막 윤회인 자들에게만 해당되는 말이다.

윤회의 개념은 초기 기독교에도 있었던 개념이다. 로마 콘스탄티누스 대제 시절 기독교를 받아들이면서 광범위하게 퍼져 있던 메시지들을 추렸고 정치적 목적에 배제되는 개념들, 즉 윤회와 같은 개념들은 모두 삭제하고 성경을 엮었다. 그리고 채택된 성경 이외의 사상들은 모두 이단 취급을 해버렸다. 이단 취급을 받아 숨겨진 문서는 1945년경 발견된 나그함마디 문서에 잘 나타나 있다.

지구에 정치권력을 가지고 있는 기득권 종교인 기독교, 가톨릭, 유대교, 불교, 이슬람이 표면에 나타난 종교라면, 표면에 나타나지 못하고 지하 세력으로 숨어든 종교들이 있다. 기독교에는 그노시스가 있고, 유대교에는 유대 카발라가 있으며, 불교에는 티벳 밀교가 있고, 이슬람에는 조로아스터교가 있다.

표면에 드러난 종교 중에서 불교를 제외한 다른 종교에서는 윤회를 인정하지 않는다. 그러나 지하로 숨겨진 종교인 그노시스, 유대카발라, 티벳 밀교, 조로아스터교는 윤회를 인정하는 종교이다. 윤회가 존재해야 인생이 설명되고 역사가 이해되는 법이다.

인생도 돌고 돌며 역사도 돌고 돈다. 예를 들자면, 과거 천출(賤出)이던 연예인이라는 직업이 지금의 세상에는 대접받고 각광받는 사회가 되었다. 또한 과거에 돈을 만지는 일은 천한 출신들의 몫이었지만 지금은 돈이 곧 힘인 세상이 되었다. 이렇게 역사도 돌고 돌듯이 우리의 인생도 돌고 돈다.

단 한 번의 도박 같은 인생이라는 개념은 궁지에 몰린 사람에게 자살을 부추길 수 있다. 죽으면 모든 것이 끝이라는 생각이 자살을 하게 만드는 것이다.

윤회는 지구에서만 일어나는 것이 아니라 별과 별 사이에서도 일어난다. 그런데 태양계에 한번 잡히면 계속해서 태양계에 태어나고 입자가 더 단단하게 물질화된 지구에 잡히면 계속해서 지구에 태어난다. 제아무리 예수나 부처라도 지구에 한번 들어오면 박박 기어야 하는 곳이 바로 지구다. 육체를 입는 순간 똑같은 인간으로 시작해야 한다.

윤회는 우리 영혼인 아스트랄체가 여행하는 것이다. 영의 멘탈체, 영혼인 아스트랄체, 그리고 물질인 육체를 놓고 설명을 하자면, 물질 육체가 죽으면 육체와 아스트랄체 간에 연결된 연결선이 끊어진다. 그리고 아스트랄체는 멘탈체에 흡수된다. 그리고 다시 탄생할 때는 멘탈체에서 아스트랄체의 연결선을 끊어 육체에 연결시키는 것이다. **즉 저세상에서 죽어야 이 세상에 태어나는 것이며 이 세상에서 죽어야 저세상으로 태어나는 것이다. 이것이 바로 윤회의 비밀이다.**

인간이 죽으면 의식 수준에 맞게 위치 에너지를 점한다. 비슷한 것은 비슷한 것끼리 뭉치듯, 비슷한 수준끼리 모이게 되어 있다. 지구에서는 성인과 감히 친구가 되어도 죽고 나면 보려 하여도 볼 수 없는 수준 차이가 발생한다. 표현하자면 지구는 일종의 에너지 감옥과 같은 곳이다.

레테와 무네모시네
- 지구영계시스템

> 인간은 태어날 때 레테의 망각의 샘물을 먹고 태어나서
> 죽을 때는 므네모시네의 기억의 샘물을 마신다.
> -태라-

지구에 태어날 때 망각의 샘물을 먹고 태어나서 그런지 우리는 가끔 우리가 가야 할 길을 잃어버리곤 한다. 인생의 벼랑 끝에 섰을 때 표지판이 나타나곤 하지만, 어디로 가야 하는지 어떻게 살아야 하는지 목적을 잃은 채 다른 삶을 살거나 인생의 삽질을 하기도 한다.

잊지 말자! 인간이 지구에 태어난 목적은 영혼의 배움 때문이다. 지구는 의식 상승을 위한 배움터요, 깨달음의 장소이다. 먹고 자는 본능에 충실하기 위해 지구에 내려온 것이 아니다. 먹고 자는 본능에 충실한 것은 동물들도 한다. 인간은 인간 본연의 임무가 있다.

카르마를 제로(0)로 만드는 것! 이것은 인간에게 할당된 숙제이다. 반드시 해결해야 하는 숙제 같은 것으로, 이번 생에 풀지 못하면 다음 생으로 이어진다.

카르마는 균형의 깨짐이다. 따라서 우리는 매 순간 균형을 찾아야 한다. 균형은 신의 속성이다. 그렇다면 왜 우리는 망각의 샘물을 마

시고 태어났을까? 이유는 전생의 기억을 가지고 태어난다면 충격의 트라우마 때문에 아무것도 못할 수 있기 때문이다.

  내가 죽인 원수가 내 자식이라면, 혹은 나를 죽인 사람이 내 애인이라면, 그 사실을 알고도 다시 사랑에 빠질 수 있을까? 기억하지 못하기 때문에 다시 사랑에 빠지고, 다시 되풀이되면서 카르마를 풀어나가는 것이다.

  우리는 다시 태어나면서 전생의 기억을 망각한 채로 태어난다. 전생에 나쁜 짓을 하거나 사람을 죽였어도 모두 잊은 채 태어나 다시 악연과 인연을 맺고 사랑할 수도 있다.

  만약 전생의 일이 모두 기억난다면 인간은 기억의 감옥에 빠지게 될 것이다. 자신이 저지른 일들의 충격 속에 스스로를 가두면서 스스로의 행동을 억제할지도 모른다. 스스로의 행동을 제어하게 되면 드라마가 전개되지 않고 지구에서의 게임을 이어갈 수가 없다. 모르기 때문에 드라마가 펼쳐지는 것이고, 모르기 때문에 사건 사고가 발생하는 것이다.

  전생을 기억하지 못한다는 것은 어쩌면 축복일 수도 있다. 과거의 아픈 기억은 사람을 더욱 힘들게 할 수 있고 설령 기억을 한다면 어떻게 원수끼리 인연을 맺을 수 있겠는가? 과거의 원수끼리도 현생에서 인연을 맺으려면 망각을 해야만 가능한 일이다. 기억을 망각해야만 모두 잊고 새출발할 수 있기 때문이며, 다시 과거의 사건을 반복하면서 자신의 모순을 찾아내고 깨달을 수 있기 때문이다. 그래서 레테의 망각의 샘물을 마시는 것은 지구로 내려오는 인간에게는 축복의 선물인 셈이다

망각의 샘물은 신의 축복이다. 지구에선 그렇다. 트라우마가 강할수록 망각도 더 강해진다.

지구에서의 룰은 처음부터 아무것도 기억하지 못한 채 시작하는 것이다. 전생의 큰 사건은 현생을 설계하는 도구이기도 하다. 윤회를 빼고 인생을 이야기하려면 아무것도 설명할 수가 없다. 윤회 없이 인간은 그저 일하는 가축, 혹은 본능에 따라 사는 동물밖에는 안 된다. 윤회를 지운 그 순간부터 인간은 퇴보하기 시작했다.

윤회와 카르마는 지구영계시스템의 핵심이다. 우리는 인생을 반복할 때마다 자신의 인생을 더 완성도 있게 만들어야 한다. 카르마의 출발은 빛의 깨어짐으로부터 시작되었다. 그래서 우리는 영의 본래 모습을 되찾기 위해서 끊임없이 깨달아야 한다.

불같은 사랑을 하며 강력한 끌림으로 만난 남녀는 원수일 확률이 높다. 너무 사랑하거나 너무 미워하는 마음은 같은 에너지 준위의 다른 속성이다. 사랑하는 마음이 너무 강해서 집착으로 바뀌면 사랑의 균형이 무너진다. 그때부터는 뺏고 뺏기는 에너지 쟁탈전이 시작된다. 이렇게 서로가 서로에게 상처를 내면서 카르마를 만들어간다. 균형을 찾으면 안정이 된다. 우리는 매 순간 균형을 향해 움직이고

있다.

 한 번 했던 행동을 두 번, 세 번 하게 되면 무의식에 새겨지면서 반복하게 되는데 무의식적으로 반복하는 행동을 깨달으면 그 순간 그 행위는 끊을 수가 있다. 즉 깨닫는 순간이 변하는 순간이다.

 카르마를 풀고 나면 인연이 끝나거나 새로운 관계가 형성된다. 카르마를 풀고 나면 더 이상 상대방에 대한 감정적인 한이 남지 않는다. 카르마는 에너지 빚이기도 하다. 그래서 마음의 불편함이 에너지 빚을 갚을 때까지 계속되는 것이다.
 카르마는 개인의 것만이 아닌 우리 전체의 것이고, 우리 모두가 짊어지고 있는 짐이기도 하다. 개개인 가정의 카르마는 다시 전체사회로 연결되어 있고 이 연결은 또다시 가정에 영향을 미치고, 근본적인 문제가 해결되지 않는 한 돌고 도는 수레바퀴 속에서 허우적댈 수밖에 없다. 자신의 문제와 전체의 문제가 함께 엉켜버린 실타래처럼 묶여 있기 때문에 지구적인 카르마가 풀리려면 전체 시스템의 변혁이 필요하다. 대재난 또한 균형을 찾기 위한 지구의 몸부림이다. 에너지 소통이 안 되는 곳에 지진과 전쟁이 생기는 법이다.

환생과 영혼의 진화

인간은 윤회를 한다. 즉 육체라는 용기 속에 영혼이라는 에센스가 담기고, 죽으면 영혼을 담았던 용기는 폐기되고 영혼은 본래 있던 영(靈)의식으로 되돌아갔다가 다시 환생을 한다.

인간이 지구에 환생하는 이유는 영혼의 진화를 위해서이다. 육체는 100년 이내의 사용 기간이 있어서 영혼은 육체의 수명이 다하면 육체라는 용기를 버리고 다시 새로운 육체를 받기까지 몇백 년을 기다린다.

육체를 떠난 영혼은 살아 있을 때의 정보를 모두 가지고 저장되어 있는 상태에서 다시 환생을 한다. 전생의 기억을 그대로 간직하고 있기 때문에 전생에 이루지 못한 숙제, 즉 카르마가 멈춰진 시점부터 다시 시작하는 것이다.

드라마가 멈춰진 시점부터 다시 반복되어 시작된다. 또한 육체를 받을 때도 아무에게나 들어올 수 있는 것이 아니라 철저히 인연의 법칙에 따라 몸을 받을 수 있다. 예를 들면 4대 조상이 내 자식으로 들어올 수도 있는 것이다.

가문의 카르마가 이어져 내려오면 이 가문의 공동 카르마를 위해 가문 줄을 타고 다시 환생을 하는 것이다. 만약 집안에 특정 질병이 내려오는 경우, 가문의 카르마 줄로 이어져온 장치이다. 의사가 나오는 집에 의사가 배출되고 무당이 나오는 집에 무당이 배출되는 이유이다.

어떤 이는 100년에 한 번꼴로 윤회를 하고, 어떤 이는 1,000년에 한 번꼴로 내려오기도 한다. 자주 윤회하는 이는 지구에서 배워야 할 것이 많은 이들이고 1,000년에 한번 꼴로 내려오는 이는 지구에 역할을 부여받고 오는 영혼이기도 하다. 각자 그 쓰임에 따라 환생의 주기 또한 정해진다.

낮은 의식 수준의 사람들은 환생을 자주하는 반면, 높은 의식수준의 사람들은 환생의 주기가 길다. 높은 의식 수준의 사람은 꼭 필요할 때만 선택해서 내려오는 경우가 많은데, 주로 격변기나 문명의 시작과 끝을 찾아 들어온다. (예: 지도자나 왕의 경우 환생의 주기가 길다.) 자주 태어나는 영혼일수록 사회생활의 적응력이 빠르고 가끔 태어나는 영혼일수록 사회 적응력이 더디다. 지금의 30~40대는 조선 말기에 태어났던 전생을 가지고 있는 경우가 많다.

환생의 이유는 영혼의 진화를 위해서이다. 인간은 그저 먹고 자는 동물적인 본능을 위해서 사는 동물이 아니라 계속 진화, 발전하면서 성장하는 것이 이 지구에 육신이라는 몸을 입고 환생을 하는 이유이다.

각자 깨달은 정보는 전체로 통합된다. 이제 환생이 마무리되는 시점에서 마지막 윤회의 주기를 거치는 인류가 출현한다. 마지막 윤회의 사람들은 수많은 윤회를 거치면서 가지고 온 정보들을 이번 생에 모두 세상에 뿌려놓고 가야 한다. 그래서 이들은 조급하고 바쁘다.

인터넷으로 스마트한 사회가 구축되면서 시간의 타이밍이 매우 빨라졌다. 한반도와 지구의 반대편이 연결되어 의사소통을 할 수 있는 시대이며, 인류의 소통 시간이 매우 짧아졌다는 것은 그만큼 카르마 해원의 속도가 빨라졌다는 것이다. 과거 이 나라에서 저 나라까지 정보를 전달하기까지 몇 개월씩 걸리던 것이 지금은 바로바로 소통할 수 있는 시대적 판이 깔려 있다.

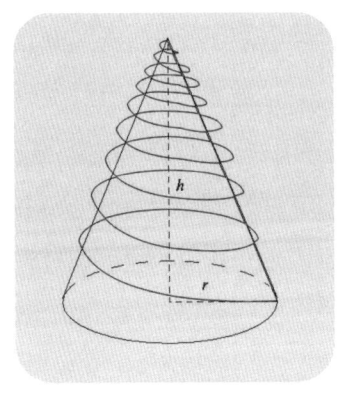

원뿔을 예로 들면 원뿔의 바닥부터 회전하며 올라오는데, 아래 부분은 회전시간이 길고 위로 올라올수록 원의 크기가 작아지면서 회전시간이 짧아지는 것에 비유할 수 있다. 원뿔꼭대기로 모든 에너지가 모이면 환생이 끝나는 것이다. 이번 생이 마지막 생이라고 생각되는 사람들은 널리 세상에 빛을 뿌리고 가야 한다. 널리 세상을 이롭게 하고 자신의 에너지를 불살라야 한다.

세대별 카르마

세대별 카르마와 세대별 역할

우리나라는 출산율 최저 국가 중 하나이다. 요즘은 출산율이 줄어들어 1~2명 낳고 말지만 과거 우리 부모님 세대를 비롯하여 그 위 세대 조부모 시대까지는 6~8명은 기본이었다. 할머니 시대에는 낳을 수 있을 때까지 낳았기 때문에 줄줄이 낳았다. 하지만 그중에 죽는 자식들도 많았다. 일제시대와 6·25 전쟁을 거쳐 가난의 시대까지 겪었던 할머니, 할아버지 세대들은 전쟁통에 자식들을 많이 잃었고 자식이 곧 재산이었기 때문에 어떻게든 많이 낳는 것이 시대적 흐름이자 대세였다. 그 시대에는 할머니와 어머니가 동시에 임신을 하기도 했고, 일찍 결혼한 사람들은 나이 마흔에 할머니가 되는 경우도 허다했다.

가난을 조금씩 벗어날 무렵, 70년대부터 가족 수는 점차 줄어들기 시작하여 3~4명 정도 선이 되었고, 현재에는 1~2명 정도로 외동들이 많은 시대이다. 시대적 흐름이라는 것이 있는데, 이 흐름은 문명이 발전하면서 계속 변화하는 것이며, 각 세대별로 공통으로 짊어지는 카르마들이 있다.

지금 현재 70대 이상 되는 분들, 특히 6·25 전쟁 전에 태어난 분들이 모두 가난 속에서 자식들을 위해 헌신한 세대라면, 50대는 부모의 헌신을 받아 개천에서 용 나는 세대이다. 50대가 개천에 용이 못 되고 출세하지 못했다면 다시 자식에게 헌신과 공을 들인다. 또 그 공을 받은 자식(지금 20대)들은 또다시 성공을 해야 하는 의무를 지게 된다. 50대는 어떻게든 일어서는 세대였다.

지금의 30~40대는 안정된 사회 기반에서 아날로그와 디지털 중간 세대로, 부모가 일어서고 무너지는 과정을 모두 지켜보았기 때문에 사회의 모순들을 관찰하고 앞으로 통일을 준비하는 세대가 된다.

반면에 지금의 20대들은 각자 재능을 꽃피우는 세대이다. 그래서 이들은 교육의 혜택과 풍요로움을 물려받았다. 인터넷을 통한 정보의 홍수 속에 모든 지식을 습득할 수 있는 발판이 마련되어 있고 해외로 나갈 수 있는 길들이 열려 있으며 자신만 노력하면 얼마든지 성공할 수 있는 여건들이 갖추어져 있는 시대이다. 그러나 현재 20대들은 일자리 부족과 청년실업을 겪고 있다. 아직 일을 할 때가 아니라 준비를 하는 세대라서 취직을 하지 못하고 계속 공부만 하고 있는 지식인 세대이기도 하다.

아직 취직하지 못했다면 자신을 갖추면서 공부를 하고 있어야 한다.

20대는 통일 이후에 본격적인 일들을 하게 될 것이다. 20대들은 40~50대가 만들어놓는 통일 한국의 바탕 위에 각자 재능을 꽃피우게 될 것이다.

요즘 20대는 공무원 시험 준비를 하려는 사람들이 많은데 이들의 부모인 50~60대들 중 IMF를 직격탄으로 맞은 사람들이 자식에게 공무원을 권하곤 한다. IMF 이전에만 해도 공무원은 인기가 없는 직업이었다. 이 또한 시대적 흐름이 변하면 또다시 바뀔 것이다.

지금 10~20대는 외동들이 많다. 외동들은 그만큼 부모의 관심과 기대 속에 자라게 되고, 10~20대들은 각자의 재능을 충분히 펼칠 수 있는 환경에 있는 세대들이다. 이들은 각자 반드시 성공해야 하는 의무를 안고 있는 세대들이다. 물질적 풍요라는 사회적 재산을 널리 활용하고 이용하는 세대들이다.

정리하자면 아래와 같다.

- 70대 이상은 가문의 대를 잇고 자식을 위해 헌신하며 국가 시스템을 구축하는 세대
- 50~60대는 개천에 용 나는 세대로 시스템을 일으키고 통일 기반을 마련하는 세대
- 30~40대는 시스템의 모순과 오류를 관찰하고 새로운 통일 한국을 기획 및 완성하는 세대
- 10~20대는 통일 이후에 자신의 재능을 펼치는 세대

아래 세대로 내려갈수록 윗세대의 공과 헌신을 물려받게 된다. 윗세대가 자식을 위해 헌신하며 국가경제를 일으키는 세대라면, 아랫세대는 풍요로움 속에 재능을 꽃피우는 세대들이다.

큰 흐름을 작은 흐름에 빗대어 보면 가족 중 첫째는 부모 카르마에 가장 크게 영향을 받는 사람이고, 막내는 카르마의 영향을 가장 적게 받는 포지션이다. 막내는 빚 고리가 가장 약하다.
각 세대들은 비슷한 전생의 흐름을 공유하고 있다. 비슷한 시대에 비슷한 환경에서 살았던 사람들이 또다시 연이 되어 다음 생에 같은 세대로 태어나는 것이다.

한 세대를 예로 들면 현재 30~40대의 경우는 조선 말기부터 일제 강점기 사이에 태어난 사람들이 많다. 이들은 다시 전 전생으로 소급하면 고려 말기부터 조선 초기 사이에 태어났었다. 즉 정권 교체기 혹은 문명 교체기의 기억을 가지고 있는 세대들이다. 따라서 이 세대들은 다시 통일이 되는 시점에 가장 큰 역할을 하게 될 것이다.

30대의 역할과 카르마

지금의 30대는 끼인 세대이다. 사회에 발을 들여놓고 사회를 배워야 할 시기인데, 서른이 넘어서까지 취직을 하지 못했다면 30대의 스트레스는 매우 크다. 명절이라도 다가오면 주변에서 취직과 결혼을 물어오며, 압박 아닌 압박을 받아야 하는 세대이다. 30대들은 빠르게 치고 올라오는 20대에 치이고 위의 세대에게 치이는 가장 힘든 세대이기도 하다. 50대 이상의 어른들은 아랫세대들에게 자신들의 이념을 주입하고 자신들이 살아온 방식을 고집하려 하나, 시대는 점점 변하고 20대는 더 이상 50대의 말을 듣지 않으려 한다. 그러나 30대는 아날로그와 디지털의 중간에 끼어 있기 때문에 윗세대를 어느 정도 이해해야 하고 아랫세대도 이해해야 하는 세대이다. 그래서 그들의 정신적 고통과 고뇌는 매우 크다.

30대는 사람을 관찰하고 주변의 정보를 모두 흡수하면서 공부를 해야 하는 세대로 30대에 공부를 해두어야 40대에 무언가를 할 수 있다.

지금의 시대는 변화하는 시대이다.

50~60대가 살았던 시대와는 다른, 전환의 시대이기 때문에 50대들은 아날로그 세대들이 살았던 생활방식을 아랫세대에게 강요할 것이 아니라 아랫세대들을 이해하고 이해시킬 필요가 있다. 또한 아랫세대는 윗세대의 헌신과 희생에 감사해야 한다. 세대 간의 갈등을 극복하고 해결하기 위해서는 세대 간에 서로에 대한 이해가 필요하다. 사람들은 누구든 시대적 흐름을 따라가야 뒤처지지 않는다.

50대는 자신만의 이념이 서 있는 세대지만 20~30대는 자신만의 이념을 세워나가는 시기이기 때문에 주변의 정보를 모두 흡수하고 배운다는 자세로 임하는 것이 필요하다. 특히 30대 후반까지 취직도 못하고 결혼도 못한 사람이 있다면 그 사람은 지금 수행을 하고 있는 중이니 겸손하게 주변의 정보를 모두 흡수하고 받아들여 자신의 깨달음으로 삼아야 한다.

수행 중에는 자기 고집을 부리면 안 된다. 고집을 부리는 순간 고집을 내려놓게 만드는 사건 사고들이 발생한다. 주변 사람들의 말을 하나하나 받아들이고 한 가지라도 공부를 끊임없이 하고 있다면 언젠가는 빛을 발할 날이 올 것이니, 그때까지 자신을 잘 갖추고 있으면 된다. 주변 사람들 말에 절대 자신감과 자존감만은 꺾이지 말아야 한다. 기죽지 마라. 그렇다고 자만하지도 말아라!

현재 이 시스템을 이끌고 있는 40~50대의 양어깨가 무겁기도 한데, 40~50대는 책임이 따르는 세대이다. 또한 지금의 40~50대는 대한민국의 시스템적 오류와 모순을 조정하고 바꾸어야 하는 세대이기도 하다.

우리 부모님 세대들(60대 이상)은 이제 그분들의 역할을 충분히 하셨기 때문에 보상을 받아야 하는 세대라면, 어린이들은 자라나는 새싹이기 때문에 그만큼 안전한 보호를 받아야 하는 세대이다. 지금의 아이들에게는 물질적 풍요가 주어졌고 여러 정보를 받을 수 있는 시스템이 구축되어 있다. 따라서 자라나는 아이들은 이 시스템을 잘 활용하여 창조성을 발휘하는 삶을 살아야 할 것이다.

지금의 70대 이상 전쟁을 겪고 산업화를 이룩하신 우리 부모세대들은 자식들을 위해 희생한 세대이고 대한민국의 기틀을 마련하신 분들이다. 이분들의 노고에 깊이 감사하며 이분들의 노력과 땀이 있었기에 대한민국이 현재의 풍요를 누리고 있는 것이다.

지금의 어르신들이 많이 배우지는 못했을지라도 그분들의 정신력과 희생은 젊은 사람들이 인정하고 배워야 할 부분이다. 가장 힘든 시기를 거쳐 온 세대이기 때문에 그만큼 희생이 강요되었고 자식에 대한 무한한 희생과 헌신을 해 오신 분들이다. 나는 연륜 있는 분들이 인생을 살아오면서 터득한 지혜를 아랫세대들에게 많이 나누어주길 바란다. 이분들이 직접 삶을 살면서 몸소 체험하고 깨달은 것들이 앞으로 생을 살아나갈 젊은이들에게 많은 도움을 줄 수 있을 것이라고 생각되기 때문이다.

젊은 사람들은 노인분들이 이야기하는 정보들을 흡수하여 지혜로 변환시켜야 할 것이다. 젊어서 겪은 이야기들, 그분들의 생각, 그분들의 인생을 듣다 보면 그 안에 보석 같은 지혜의 이야기들이 들어 있기 때문이다. 젊은이들이 노인분들이 겪어온 삶의 지혜와 정보를 잘 받아들이고 흡수하면, 노인분들은 자신의 인생이 헛되지 않았음에 한(恨)이 안 생기고 젊은이들은 노인 분들의 삶의 지혜와 정보를 흡수하여 자신의 삶에 하나라도 도움이 된다면 그것만으로도 젊은이들과 노인분들과의 소통이 이루어진 것이다.

   자기 앞에 다가오는 정보들을 거부하지 말고 그대로 흡수해보라!
   하나하나의 정보가 모여 지혜로 변환될 수 있다. 어르신들은 글보다는 말로 자신의 정보를 전달해야 한다. 따라서 바로 아래 40~50대들이 이분들의 정보를 모두 흡수해야 하고, 흡수한 정보는 다시 재생산하고 변환하여 아래 젊은 세대들에게 내려주어야 한다.

   요즘의 아이들은 말보다는 글의 시대이기 때문에 컴퓨터나 스마트폰을 활용하여 글로 주고받는 세대이다. 전화 통화보다는 문자나 스마트폰으로 의사소통을 하는 세대들이 바로 요즘 젊은 세대들이다. 이들은 받아들인 모든 정보를 웹상으로 올리고 있다. 앞으로의 시대는 모든 정보가 하나로 통합되는 시대이다. 나는 세대의 소통이 원활히 이루어지길 바란다. 젊은 세대들과 어르신 세대는 사실 소통의 단절이 서서히 생기는 세대이기 때문에 중간에 40~50대들이 소통의 다리 역할을 해야 할 것이다. 대한민국을 이끌어 오신 부모님 세대에게 깊이 감사드리며 그분들의 노고와 땀으로 우리 젊은 세대들이 지금의 풍요를 누리고 있음에 감사드린다.

20대와 50대의 마인드 차이

요즘 20대는 50대의 부모를 두고 있고 50대는 20대의 자식들을 두고 있다. 50대와 20대는 세대 간 차이가 급격하게 벌어지는 세대이기도 하다. 중간의 30~40대가 50대와 20대 사이의 완충작용을 해야 한다. 그런데 50대는 가난을 겪고 이른바 개천에서 용 난 케이스의 자수성가한 사람들이 많은 반면에, 20대는 풍요로운 시대적 환경이 주어진 아이들이다. 지금 시대는 개천에 용이 나오지 않으며 잘 빚어진 환경에서 용이 만들어지는 세상이다.

50대는 배고픔과 가난을 알지만 20대는 배고픔과 가난을 모르는 세대들이다. 그래서 50대와 20대는 마인드가 다를 수밖에 없다. 요즘의 20대는 푸세식 화장실을 구경한 적이 없고 요강이라는 것을 모르는 세대이며, 50대는 요즘 나오는 전자기기를 잘 다룰 줄 모르는 세대이다.
20대와 50대는 가장 충돌이 많이 나는 세대이기도 하다. 50대는 위기의 순간에 강하고, 20대는 태평성대에 재능을 펼치는 세대이다.
50대가 직관과 직감 즉 신기가 발달된 세대라면, 20대는 이성적 논리가 발달된 세대이다. 50대의 우뇌적 사고의 전체주의적 사고방식과 20대의 좌뇌적 사고의 개인주의적 사고방식은 충돌이 일어나며, 이는 세대 간 의식 차이에서 오는 의식의 충돌이기도 하다.

20대는 논리적이기 때문에 무슨 일을 함에 있어서도 논리적으로 이해되고 납득이 되어야 움직이는 세대라서 50대의 비논리적 신기(神氣)가 이해가 안 되는 것이다. 50대가 가난 속에서 극복한 자신의 경험대로 20대에게 강요하면 부모와 자식 간에는 충돌이 날 수밖에 없다.

남자는 군대를 다녀와야 부모 마음을 알고, 여자는 시집을 가야 부모 마음을 이해하게 된다. 50대는 20대를 이해해야 하고 20대는 50대를 이해해야 한다. 그래야 세대 간 불협화음이 해소될 수 있다.

음양의 카르마

한반도의 음기와 한반도 여자

이 땅은 음기가 강한 땅이다. 1만 년 전의 모계사회부터 여성의 기가 센 지역이 한반도인데, 조선왕조가 들어서면서 500년간 여성의 기를 눌러놓았다. 지금은 사회가 다시 모계사회 추세를 향해 나아가고 있다.

조선왕조 500년이라는 시간 동안 여성의 기가 가장 수축하였다. 남성의 에너지는 질서를 추구하고 여성의 에너지는 자유를 추구하기 때문에, 시대적으로 질서가 필요한 시점에는 남성에너지가 위로 올라가고 자유가 필요한 시점에는 여성에너지가 위로 올라가 음양이 서로 확장, 수축하면서 에너지가 순환되어 왔다.

조선시대는 특히 음양에너지 조절에 힘을 썼는데, '궁'은 이 음양을 관장하는 중심지였다. 가뭄이 들면 궁녀를 궁 밖으로 내보내고 홍수가 나면 궁녀를 더 뽑았다. 가뭄이 드는 것은 양기가 강하기 때문이요, 홍수가 나는 것은 음기가 강하기 때문이었다. 그리고 예로부터 남근숭배사상이 있는 지역은 음기가 강한 지역이었다.

조선왕조가 무너지면서 한반도는 급격하게 음기가 확장되었으며, 지금의 세상은 음기가 판을 치는 세상이 되었다. 그래서 집중호우와 홍수가 자주 나는 것이다.

한반도의 여성들은 기가 세다. 이 여성들이 일을 치는 나라가 바로 한반도이다. 그리고 점점 모계사회로 흘러가고 있는 추세이다. 집안의 중심축은 아버지가 아니라 어머니로 바뀌고 있다. 거기에 결혼한 딸들이 어머니에게 아이를 맡기면서 어머니와 딸이 연대를 한다. 또한 여성이 남편과 자식을 컨트롤하며 아들을 모계 종속적으로 만들어버리고 있는 추세이다.

남편과 소통이 안 되거나 남편의 기가 약하면 여성은 의지할 종교를 찾는다. 즉 정신적 지주를 찾아 밖으로 돈다는 이야기다. 남편이 정신적 지주가 되어야 하는데 정신적으로 의지가 안 되니 종교를 찾고 목사와 스님에게 의지하는 것이다. 그래서 이 나라는 음기가 강하기 때문에 종교가 번창하는 것이다. 종교만 들어왔다 하면 부흥하는 곳이 한반도이다.

원래 이 한반도 땅의 여인들이 무녀이기 때문에 종교를 찾는 것이기도 하다. 한반도 여인들이 기가 세기 때문에 당기는 힘도 세고, 음기가 세면 셀수록 세계의 모든 것들은 한반도로 들어오려 할 것이다. 종교를 활성화시키는 것도 여자이고 종교를 먹여 살리는 것도 여자이다. 그래서 한반도의 남성들은 음기 때문에 명줄이 짧다. 조선시대 왕들도 명줄이 짧았다. 왕들의 평균수명이 44세였다. 그만큼 씨가 귀한 곳이 한반도 땅이다.

이제 한반도 여성들이 균형점을 찾아야 한다. 음양의 균형이 무너지면 대혼란이 예정 수순이다. 그리고 이제 한반도 여성들은 착(着)을 내려놓아야 한다. 물질에 대한 착(着)과 자식에 대한 착(着)을 내려놓아야 한다. 그래야 자식이 발복한다.

한반도에서 남성들은 점점 물질적 노예가 되어가고 있다. 여성들은 남성에게 물질적으로 많을 것을 요구한다. 자신들이 사회적으로 일을 하는 만큼 더 센 것을 요구하는 것이다. 이것은 남성들이 정신적 지주가 안 되기 때문에 물질적 노예로 전락하고 있는 것이라고 본다. 남성들은 물질적 노예에서 벗어나 마인드를 키우고 정신적 지주가 되어야 한다. 남성들이 정신적 지주의 자리를 찾지 못하면 여성의 노예로 전락하고 만다. 진정한 남녀 관계란 주종 관계가 아니라 서로가 서로를 비춰주는 거울 관계가 되어야 한다.

물질과 정신의 담당자

우리의 인생은 공부의 연속이다. 공부라는 것이 꼭 지식적인 공부만을 뜻하는 것이 아니라 인생을 공부하고 깨달아가는 과정 모두를 포함한다. 또한 지식과 지혜 모두를 포함한다. 지식은 학교에서 가르쳐 주지만 지혜는 깨달은 사람으로부터 배우거나 스스로 통달해야 한다. 각자 자신의 분야에서 공부를 하여 공부에 통달한 사람이 전문가이고 그 분야에 도통한 사람이 바로 도인이 되는 것이다.

도인과 전문가는 다르다. 전문가는 그 분야의 지식자이고 도인은 자신의 분야에서 깨달음을 얻어 도(道)를 통한 사람을 일컫는다. 한 분야만 10년을 파면 그 분야의 전문가가 되기 마련인데 각 분야는 다른 듯 보여도 도는 하나로 통한다. 결국 모든 공부는 '인간 완성'을 위한 공부이기 때문이다.

과거에는 아버지가 일을 나가시고 어머니가 집에 계시는 경우가 많았다. 그러나 요즘의 각 가정들을 보면 IMF 이후부터 아버지가 집에 계시고 어머니가 일을 나가는 경우와 아내가 일을 나가고 남편이 집에 있는 경우가 많아졌다.

큰 흐름에서 보면 남자들의 공부가 시작되었다는 시그널이기도 하다. 이 부분에 대해서는 우리가 가지고 있는 관념을 새롭게 정립할 필요가 있다. 물론 이제까지 관념으로는 아버지가 당연히 나가서 돈을 벌고 어머니가 집안일을 하시는 것을 당연시했지만, 요즘 어머니가 일을 나가시고 아버지가 집에 계시는 경우, 이러한 상황을 어떻게 받아들일 것인가를 생각해봐야 한다.

어머니가 일을 나가는 이유와 원인분석에 관한 이야기는 앞에서 이미 다루었다. 어머니가 일을 나가는 이유는 아버지가 무능력해서 라기 보다 요즘의 각 가정은 일종의 도를 닦는 터이기 때문에 불교의 이판승 사판승으로 이해하면 빠를 것이다. 서양에서는 신도와 완덕자(덕을 완성하는 사람)로 이해하면 된다.

불교에는 이판승과 사판승이 있는데, 이판승은 도를 닦으면서 불교의 교리를 탐구하는 스님이고 사판승은 행정업무나 살림을 맡은 스님이다. 즉 공부하고 연구하는 이판승은 정신을 담당하고 행정업무나 살림을 맡은 사판승은 물질을 담당하는 것이다. 교회의 목사와 장로도 마찬가지 개념이다. 목사가 정신을 담당한다면 장로는 교회 살림을 담당하는 것이다.

종교 단체에서 물질과 정신을 담당하는 사람이 나누어져 있는 것처럼 각각의 가정도 물질과 정신을 담당하는 사람이 나뉘어져 있다. 서양의 카타리나파에서도 신도와 완덕자로 나누어져 있다. 완덕자는 '덕을 완성하는 사람'으로 신도들의 물질을 받아 정신 공부를 하는 사람인데, 이는 오늘날 교회의 목사와 비슷하다. 중요한 것은 교회나 절만 기도하고 도를 닦는 터가 아니고, 각 가정이 도를 닦고 공부하는 장소이다.

어머니가 물질을 담당하고 있으면 아버지는 정신을 닦아야 하고 아버지가 물질을 담당하고 있으면 어머니가 정신을 닦아야 한다. 도를 닦는 과정이 모두 끝나면 물질과 정신은 새롭게 세팅되어 조화롭게 돌아간다.

각 가정을 절과 같이 도를 닦는 공부터라고 생각할 때 어머니가 일을 하면 사판승이요, 아버지가 집에 있으면 이판승인 셈이다. 한 사람은 물질을 담당하고 한사람은 정신을 담당하면서 서로 도반(도를 닦는 친구)이 되어 물질과 정신을 공유하면서 성장해야 하는 원리이다.

물질은 눈에 보이지만 정신은 눈에 보이지 않아 물질이 우선권을 잡기 때문에, 일을 나가는 사람이 가정의 주도권을 잡게 되어 있다. 만약 어머니가 일을 나가고 아버지가 집에 계시다면 주도권은 어머니에게 있다. 아버지는 현재 공부를 해야 하는 시간이기 때문에 본인의 주도권을 어머니에게 넘겨주는 것이다.

반대로 어머니가 일을 하는 동안 아버지는 스스로 정신을 갈고닦아야 한다. 그리고 어느 정도 공부가 끝나면 역할이 바뀌기도 한다.

정신적인 공부를 할 때는 물질이 들어오지 않고, 물질이 형성되지 않는다는 것은 힘이 약하다는 것이고, 힘이 약할 때는 정보를 받아들여 공부를 해야 한다는 것이다. 공부가 끝나면 정신을 물질화시켜서 내놓아야 한다. 그래야 정신과 물질의 교환이 이루어진다. 정신을 담당하는 사람은 일반 사람들에게 물질적 보상을 받고 물질 대신 정신을 내어주는 것이다.

물질과 정신은 상호 교환이 가능한 부분이다. 물질을 가지고 있는 사람은 정신을 가진 사람에게 물질을 내어주고 정신이라는 에너지를 받는 것이다. 반대로 정신을 가지고 있는 사람은 정신을 내어주고 물질이라는 에너지로 보상받는 것이다. 따라서 현재 어머니가 물질을 담당하고 있다면 아버지는 정신을 담당해야 하고 아버지가 물질을 담당하면 어머니는 정신을 담당해야 한다. 서로 물질과 정신이 상호 보완되어야 불만이 안 생기는 법이다.

현재 남편이 놀고 있다면 아내는 남편에게 물질을 못 번다고 탓할 것이 아니라 정신의 공부를 하지 않고 있음을 탓해야 한다. 아내는 열심히 돈을 버는데 남편이 정신의 공부를 하지 않고 놀고먹기 때문에 욕을 먹는 것이고, 남편이 열심히 돈을 버는데 아내가 정신의 공부는 하지 않고 놀고먹으면 남편이 정신적 지주를 찾아서 밖으로 도는 것이다.

정신과 물질은 서로 상호 교환되어야 하며 정신을 가진 사람은 정신을 물질로 교환하고, 물질을 가진 사람은 물질로 정신을 교환하는 것이다.

음양해원

인류의 문명은 음양의 반복이었다

아버지 없는 어머니 세상이 한번이요
어머니 없는 아버지 세상이 한번이라……
이는 곧 음양의 시대를 한 번씩 겪은 것과 같으니

음이 위로 가면 양이 아래로 오고
양이 위로 가면 음이 아래로 오고

음의 말기에 양이 등장을 하고
양의 말기에 음이 등장을 하니
서로 한 번씩 해원을 하였음이라

이제 음양조화의 시대로 가야 하니

어머니 나라 무는 0이요
아버지 나라 한은 1이라
그래서 무한이라

음양과 69

양은 하늘 음은 땅
양은 정신 음은 물질

양은 빛 음은 열
양은 태양의 빛이고 음은 땅의 열
빛은 눈에 보이고, 열은 보이지 않지만 느껴지는 것

양은 9
음은 6

6은 가장 작은 입자 (눈에 보이지 않음)
9는 가장 큰 입자 (눈에 보임)

6은 감춰짐 (여자)
9는 드러남 (남자)

6은 물질 중 가장 완성된 수
9는 정신 중 가장 완성된 수

69는 음양으로 태극이다

국가적 카르마

6·25 전쟁의 영적인 의미는 '새로운 물질판 짜기'

6·25 전쟁은 이 나라를 폐허로 만들고 다시 시작하는 하늘의 리셋 신호탄이었다. 이 땅에 아무것도 남기지 않은 채 목숨 줄만 붙여놓고 새로 다시 시작하게 만드는 지구적 사건이었다. 물론 정치적으로 살펴보면, 세계 강대국들의 장기판 놀음처럼 1, 2차 세계대전을 치르고 남은 전쟁 물자들이 한반도에 쏟아졌고 이념과 이념이 붙은 전쟁이었다. 세계대전으로 남은 전쟁 물자들이 한반도에 쏟아졌다는 것은 전쟁의 끝을 종식시키는 의무가 이 한반도에 있기 때문이기도 하거니와 세계의 모든 지식과 정보는 이 한반도로 들어와 한반도에서 모든 것이 통합되고 해결되어야만 하는 숙제가 이 한반도에 주어졌다는 이야기이다.

6·25전쟁을 영적으로 살펴보면, 한반도에 새로운 프로젝트를 가동하기 위한 하나의 장치였다. 그 와중에 살아남아야 하는 자와 죽을 자

로 분류가 되어, 살아남을 자는 어떻게든 살아남을 수 있었던 기적과 같은 일들이 발생하였다. 살아남은 자들은 '하늘이 보호해주었다.'라는 표현을 쓰곤 하였다.

 6·25 전쟁 당시, 세계의 수많은 나라들이 참전국으로 한반도에 들어오게 되었는데, 전쟁은 에너지 판을 다시 짜는 하나의 큰 변화이다. 많은 수의 인명을 살리는 사람과 죽이는 사람은 특정 신이 실리면서 살생부를 결정하게 된다. 그전까지 우리 민족은 어떻게든 씨줄을 이어야 했던 민족이었고, 6·25전쟁이 발발하면서 역할을 이어갈 가문과 역할이 종료되는 가문이 결정지어졌다.

 전쟁은 많은 사람들을 재배치하고 이동시켰으며 움직임을 촉발시키는 계기가 되었다. 또한 인연과 인연을 엮은 새로운 인연의 판이기도 했다. 6·25를 기점으로 남한으로 갈 사람과 북한으로 갈 사람이 나눠졌고 각자의 역할 포지션이 정해진 것이다.

 30~40년대에 태어난 세대는 일제 강점기를 거쳐 6·25전쟁까지 겪으면서 가장 큰 희생을 한 세대이다. 우리의 부모 세대와 할머니 할아버지 세대가 가장 힘든 시대를 거쳐 왔던 분들로, 이분들의 노고가 있었기에 지금의 우리가 있는 것이다. 또한 이 땅에서 죽어간 세계 여러 나라의 장병들은 이 땅에 다시 태어날 수 있는 특권이 주어졌다. 즉 자신이 어느 땅에 묻히느냐에 따라 다음 생에 태어날 지역에 크게 영향을 미치게 된다.

전쟁이 발생하면 자의가 아닌 타의적 이동이 시작된다. 즉 생존을 위한 이동이 시작되고 이동은 새로운 판을 짜는 시작이며 인연과 인연을 엮는 발판이기도 하다. 1, 2차 세계대전을 거치면서 창조되어야 할 것들과 파괴되어야 할 것들이 결정되었다. 이는 낡은 시스템이 붕괴되고 새로운 시스템이 들어서기 위한 과정이었으며 그 과정 속에서 오랜 시간 굳어져온 관념의 종말을 맞이하게 된 것이다.

특히 6·25전쟁은 이 한반도의 묵은 관성을 깨고 새로운 물질 시스템을 구축하도록 전국토를 폐허로 만들어 버렸다.

IMF의 영적인 의미는
'하늘의 도수 맞추기'

얼마 전 인기리에 방영하였던 [응답하라 1994]에서는 지금 40대의 성장스토리를 잘 보여주었는데, 시대적 변화와 시대적 감성을 잘 드러낸 드라마였다. 드라마에서는 IMF당시를 잘 보여주었다. 회사에 취직하자마자 취업 보류 통지서를 받는가 하면, 몇 개월 동안 월급이 안 나오는 등 주인공들은 IMF충격을 고스란히 받아야 했다. 주가는 폭락하고 환율과 기름값은 상승하고 대기업은 부도가 나는 등 대한민국 최악의 카르마 상황을 맞이하였다.

IMF상황은 가정과 직장을 해체시키고 인연을 찢어 놓았다. IMF를 인물로 비유하자면 잘나가던 사람이 카르마에 한 방 크게 맞은 사건에 비유할 수 있다.

IMF는 국가적 카르마이다. 국가적 카르마가 개개인의 카르마에 직격탄을 날리면서 가정과 직장은 물론 인연을 해체시키는 결과를 가져왔다. 국가적 카르마는 전반적인 인연을 재배치시킨다.

큰 틀에서 보자면, IMF는 딱딱해진 관념의 막을 부수는 대사건이기도 하다. 파괴와 창조는 동시에 진행되듯 회사 곳곳은 재정비 시간을 가졌다. IMF라는 파괴적 상황이 도래하고 난 뒤 흩어져 있던 인연을 다시 불러들이듯 헤어질 사람은 헤어지고 만나야 할 사람은 다시 재조정되었다. 남북한으로 찢어졌던 이산가족이 만나고 인터넷이라는 환경은 다시 인연과 인연을 연결해주는 연결고리가 되어, 만나야 할 인연은 다시 만나고 찢어질 인연은 찢어지면서 전체적인 카르마 구조조정이 들어간 것이 IMF다. 또한 IMF는 카르마 해원의 전초전이었다. 견고한 관념의 틀을 깨는 커다란 사건으로, 크게 보자면 '하늘의 도수 맞추기'라고 할 수 있다.

  회사들은 부도가 나고 구조조정되었으며 환율의 하락으로 외국에 유학을 간 학생들은 다시 컴백을 하는 상황을 맞이하였다. 아버지들은 직장을 잃고, 반대로 어머니들은 생계를 꾸리고자 세상으로 나오는 계기가 되었다. 또한 수많은 가정들이 생활고에 시달리는 계기가 된 국가적인 카르마가 바로 IMF이었다. 지금의 20~30대의 부모님들 중 IMF 때 사업이 망하여 바닥으로 떨어진 집안이 꽤 많았다.

  IMF라는 국가적 카르마가 각 가정에 영향을 미치고 그 영향은 지금의 20대들이 그대로 맞이하게 되었다. 부모가 이혼을 하거나 생활고에 시달리는 환경에서 홀로 고립되어 외로움을 맞이한 20대들은 기가 세다. 따라서 가장 기가 센 50대를 상대할 수 있는 세대는 바로 20대이기도 하다.

대한민국의 카르마와
위대한 유산

6·25를 거치고 폐허가 된 한반도에서 살아남을 자는 살아남아 새로운 판을 만들기 시작했다. 아무것도 없는 폐허는 그동안 쌓아올린 관념의 붕괴이기도 할뿐더러 새롭게 시작하라는 의미이기도 하다. 전쟁이라는 상황이 어떤 사람에게는 위기이기도 하였지만 어떤 사람에게는 기회이기도 하였으며 새롭게 물질 판이 깔린 시작점이기도 하였다. 6·25를 거쳐 산업화 시대가 시작되었고 우리의 부모님 세대는 잘사는 나라, 부강한 나라를 만들기 위해 땀과 노력을 아끼지 않았다. 그 결과 새로운 국가 시스템이 안착되었다.

이후 대한민국이 안정화에 들 무렵 88올림픽을 치르게 되었고 88올림픽은 세계를 향해 문을 열고 우리를 알린 해이기도 하다. 1988년은 우리나라가 어느 정도 가난에서 탈피하여 세계적으로 이름을 알리기 시작한 첫해이다. 많은 외국사절들이 우리나라에 들어오고 대한민국이라는 나라가 알려지기 시작하였으며 본격적인 개방이 시작되었다. 물론 영적인 개방도 이때부터 시작되었다. 우리나라 사람들은 외국으로 나가기 시작했고 점차 기운을 세계로 펼치기 시작했다.

이후 1994년부터 1999년까지는 낡은 관념들이 점점 해체되기 시작하면서, 견고한 생각에 조금씩 금이 가기 시작하듯 물질적 붕괴 현상도 나타났다. 성수대교 붕괴나 삼풍백화점 붕괴는 하나의 '물질관념의 붕괴 시그널'로 작용을 했다.

물질적 건물이 붕괴가 된다는 것은 영적 의미로 살펴볼 때, 낡은 건물이 무너지듯 낡은 관념이 무너지고 새로운 이념이나 생각이 들어서기 위한 하나의 '창조적 파괴'의 과정이었다. 붕괴의 시그널이 몇 번 다가오고 이후 1997년 IMF를 맞으면서 국가 부도 전 상태까지 이어졌다.

1994년부터 우리나라의 운이 기울기 시작했고, 급기야 1997년 국가 부도 전 상태까지 오게 되었다. 즉 여러 가지 붕괴 사건들은 대한민국 집단 무의식을 깨우기 위한 일련의 물질적 시그널로, 이후 큰 사건을 맞게 되는 전초전이었다. 또한 1999년 노스트라다무스 예언에 의한 지구 종말론까지 겹치면서 사람들은 정신을 차리지 못한 채 대자연의 큰 흐름에 두들겨 맞고 있었던 것이다.

IMF 이후 가족은 해체되기 시작하였으며 이혼하는 가정이 부지기수로 늘어났다. 기업이 무너져 내리고 가정이 무너지기 시작했다. 지금의 20대들은 이 시기에 부모님의 이혼을 경험한 사람들이 많았고, 사업을 하다가 망한 사람들이 여기저기 생겼다. 타격을 입지 않은 사람이 없을 정도였다. 물론 위기를 기회로 이때 돈을 번 사람들도 꽤 많았다.

현재 자신의 처지를 이해하려면, 부모를 이해하고 시대를 읽어야 한다. 지금 왜 자신이 이럴 수밖에 없었는지 왜 이런 환경이 만들어졌는지 깨닫고 자신을 분석할 줄 알아야 한다.

이 한반도에 있는 사람들은 공동 카르마를 지고 있다. 즉 공동의 역할을 안고 내려온 하늘의 일꾼들로서, 함께 성장하고 함께 깨달아야 하는 공동 사명이 있다. 급이 높건, 낮건, 잘살건, 못살건 간에 중요한 것은 우리는 하나로 엮인 공동 운명체라는 점이다.

힘든 사람은 함께 끌어주고, 서로서로 깨닫게 도와주며, 한 사람의 낙오도 없이 서로가 서로를 빛내주며, 모두 함께 이 지구를 이끌 지도자의 길로 나가야 하는 숙명을 안고 있다. 대한민국에 태어났다는 것에 감사하고 미래를 이끌어갈 주역들이 되길 바란다. 내 대에서 바른 마음을 장착하면 자식 세대에게는 바른 마음의 유산을 물려줄 수 있다. 이것이야 말로 가장 위대한 유산인 것이다.

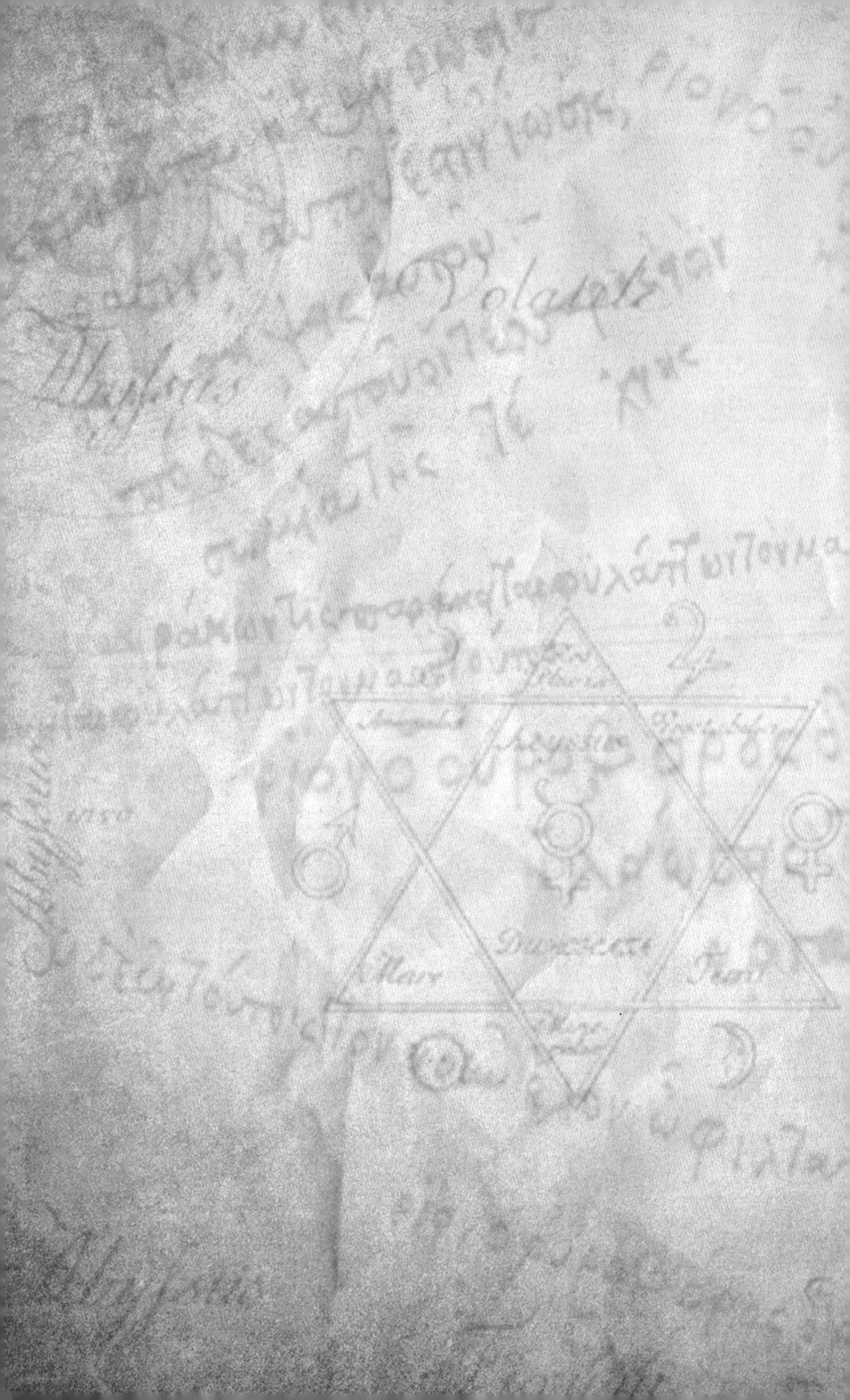

2장
인 연
RELATION

"저승의 이별은 탄생이요, 이승의 이별은 죽음이며,
우리의 영혼은 영원하다."

- 태라 -

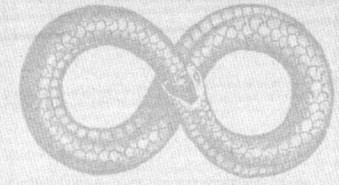

만남과 이별

만남과 이별, 탄생과 죽음

우리는 인생을 살면서 매 순간 이별하고 또 만나기를 반복한다. 지구에 태어난 순간부터 만남과 이별을 경험한다. 엄마의 배에서 나오는 순간, 우리는 엄마의 몸과 이별을 하고, 태어나서 부모님과 만난다. 사춘기가 되어서는 부모님의 마음과 이별을 하고, 친구들을 만난다. 어른이 되어서는 부모의 몸과 마음 모두와 이별하고, 새로운 연인을 만나 사랑하고 새로운 인연의 아기를 맞아들인다. 아기가 어른이 되고 부모가 되면 부모는 늙어 자신이 왔던 곳으로 돌아갈 준비를 한다. 인생은 이렇게 탄생과 죽음, 만남과 이별이 반복되며 성장, 발전한다. 탄생은 새로운 만남이다. 반대로 죽음은 마지막 이별이다. 이 지구는 만남과 이별이 반복되고 탄생과 죽음이 오가는 별이다.

새로운 탄생과 마지막 죽음
탄생도 고귀하고 죽음도 고귀하다
이생에 태어나는 자, 저승의 에너지를 담고 이생으로 태어나
이생의 경험 모두 담아, 저승으로 떠나는 죽음처럼……

탄생과 죽음의 순간은 이 세계와 저 세계의 에너지를 운반하는 비밀의 문이다. 우리가 살고 있는 이승을 3차원이라고 하고 죽어서 가는 저승을 4차원 영계라 표현한다. 3차원과 4차원은 동전의 양면, 혹은 거울과 같은 차원이며 3차원의 복사본이 4차원이기도 하다.

이 문(탄생과 죽음의 문)이 열릴 때 우리는 떨림을 경험한다. 새로운 세계에 대한 두려움의 떨림과 더불어 새로운 시작이라는 새로움의 떨림이 공존한다. 탄생의 문이 열렸을 때와 죽음의 문이 열렸을 때, 이 순간에 우리는 변화라는 보이지 않는 힘을 체험한다.

탄생의 문을 여는 삼신할미와 죽음의 문을 여는 칠성님!
삼신할미는 지구로 들어오는 문을 관장하고
칠성님은 영혼의 안식처인 북두칠성의 문을 관장한다

강물이 바닷물을 만나 하나가 되듯, 죽음이라는 것은 물질이라는 육체의 그릇을 벗고 영혼이 영(靈)으로 하나가 되는 것이다. 죽음은 끝이 아니라 물질에서 영으로의 변형 과정이다. 탄생하는 자가 이생에 새롭게 태어나는 영혼이라면, 죽은 자는 저 세계에 태어나는 영이다. 영이 육체라는 그릇에 담기면 영혼이 되고 영혼이 육체를 벗으면 영이 된다. 영은 무한한 영의 바다이다. 따라서 죽음이란 에너지 상태의 변형일 뿐, 우리의 영혼은 죽지 않고 영원하다. 그래서 탄생과 죽음, 만남과 이별은 잘 맞이해야 한다.

떠나는 자도 남아 있는 자도 한을 남기지 말아야 한다. 떠나는 자는 이승에 미련을 두지 말아야 하고, 남아 있는 자는 떠난 자에 대한 미련을 두지 말아야 한다. 서로가 갖는 미련의 마음은 지구에 집착으로 남아 죽은 자는 자신이 가야 할 곳으로 미처 가지 못한다. 못다 푼 실타래를 풀 듯, 엉킨 부분은 풀어야 하고 막힌 부분은 뚫어야 한다. 그래야 원이 없고 한이 없어져 가벼워질 수가 있다.

남겨진 짐이 무거우면 영혼이 떠날 수가 없다. 우리는 깃털처럼 가벼워져야 한다. 나를 누르고 나를 감고 있던 관념의 사슬을 끊어 버릴 때, 우리는 비로소 깃털처럼 가벼워질 수 있다. 깃털처럼 가벼워야 영혼이 위로 뜰 수 있다. 원도 한도 남기지 말고 가볍게 떠나야만 한다.

우리는 매 순간 만남과 이별의 연속이다. 가는 사람도 오는 사람도 자연스러운 인연의 흐름 속에 나 자신을 맡기면 흐르는 물처럼 자연스럽게 흘러가련만, 우리는 떠나려는 인연을 부단히도 잡으려 애쓰고 곁에 두려 하고 그 속에서 아파한다.

떠나려는 인연은 보내야 하고 다가오는 인연은 맞이해야 한다. 인연과 인연이 만나 새로운 흐름이 만들어지고 인연과 인연이 만나 인생이 엮인다. 만남과 이별은 사람과 사람이 만나 서로의 에너지를 교환하는 것이고, 탄생과 죽음은 이승과 저승의 새로운 에너지 교체이다.

회자필반(會者定離), 거자필반(去者必返)

회자필반(會者定離) - 만나면 반드시 이별을 한다.
거자필반(去者必返) - 떠난 사람은 반드시 돌아온다.

'만나면 반드시 이별을 한다.'라는 말은 우리의 인연이 서로의 주고 받음을 끝내면 이별을 맞이한다는 것이고 '떠난 사람은 반드시 돌아온다.'라고 할 때는 서로 주고받음이 끝나지 않은 상태에서는 어떻게든 다시 만나게 되어 있다는 뜻이다.

과거 인연을 다시 만나게 되었다면 그 인연과 풀지 못한 그 무엇이 있거나 서로 간에 주고받아야 할 정보가 남아 있기 때문에 어떻게든 다시 만나게 된 것이다. 만약 초등학교의 인연을 어른이 되어서 다시 만나게 되었다면, 그 인연과 서로 풀지 못한 무언가가 있기 때문에 어른이 된 지금에라도 다시 만나는 것이다. 어떤 인연과 풀어야 할 것이나 주고받음이 끝났다면 그 인연과는 다시 이어지지 않을 것이다. 만나야 할 사람은 반드시 만나게 되어 있고 만나면 이별이 찾아온다. 하지만 그 인연과 풀지 못한 무언가가 있다면 또다시 만나게 될 것이다.

사람은 사상과 사상이 맞아야 서로 간 연대가 이어질 수 있다. 서로 간에 통하는 그 무엇이 있어야 인연이 이어질 수 있고, 통하는 그 무엇이 없다면 인연이 이어지지 않고 각자 다른 길로 걸어가게 되어 있다. 길을 갈 때도 함께 걸어가는 사람은 목적지가 맞아야 하고 함께 길을 걸어가더라도 서로 간 목적지가 갈라지면 각자의 길을 걸어 가게 되는 것이다. 그래서 인연은 서로의 이익이나 상황에 따라서 '만났다, 헤어졌다'를 반복할 수 있는 것이다.

결국 물이 도달하는 곳은 바다이지만 바다까지 가는 과정이 다를 뿐이다. 우리의 목적지는 하나이다. 각자의 시간 스케줄에 따라 먼저 도착하고 늦게 도착하고의 차이일 뿐이다. 자신에게 할당된 정보를 흡수하기 위해 이 인연을 만나고, 저 인연을 만나는 것이다. 지금 헤어진다고 슬퍼하지 마라! 영원히 헤어지는 것이 아니기 때문이다.

우연, 필연

만남이 우연인 듯 보이지만 의식적 차원에서 우연한 만남이란 없다. 그 시간에 그 지역을 가지 않았다면 그 인연을 볼 수 없었을 것이다. 인연과 인연이 만날 때는 시간과 공간이 중요하다.

만남에는 의도한 만남이 있고 의도하지 않은 만남이 있다. 의도한 만남이 인간 의식 차원에서 이루어진 만남이라면, 의도하지 않은 만남은 영의 차원에서 이루어지는 만남이다. 사람과 사람이 만나는 것도 '때'라는 것이 있다.

파동대가 파도처럼 덩실덩실하다가 교차점에서 의식의 통로가 열리고 영의 만남이 이루어진 다음, 물질적 만남이 이루어지는 것이다. 인간적 만남을 만들어 나갈 때 시간과 장소를 정하듯 무의식적인 만남에서도 시간과 공간의 교차점이 있다.

모두가 한 번쯤은 우연 같은 상황의 만남을 경험해 보았을 것이다. 전생의 인연도 한 번쯤은 스쳐 지나가듯 모두 만나게 되어 있다. 우주 삼라만상이 아무렇게나 돌아가는 듯 보여도 모두 질서 속에서 움직이고 있으며, 만남이 우연인 듯 보여도 필연인 것이다. 다만 사람들은 질서의 패턴을 눈치채지 못할 뿐이다. 그래서 인간은 이러한 영의 만남을 우연이라 말한다. 세상이 우연인 듯 보여도 우연은 없다. 인과에 의한 결과로 나타나는 필연만 있을 뿐이다.

귀인

사람은 누구를 어떻게 만나느냐에 따라서 자신의 가치가 달라진다. 누군가를 만나서 자신의 존재가 고귀해지는 경험을 해보았다면 우리에게 인연이 얼마나 중요한지 알게 될 것이다. 어떤 인연은 나를 고귀한 존재로 만들기도 하고 어떤 인연은 나를 하찮은 존재로 만들기도 한다.

사람은 누구나 중요한 시기에 귀인을 만난다. 귀인의 도움을 받아 자신의 앞길이 열리기도 하고, 의식이 업그레이드되기도 한다.
사람마다 중요한 시기에 자신에게 찾아오는 귀인이 있다. 어려울 때, 힘들 때, 자신을 이끌어줄 사람, 자신을 성장시키고 상생시키는 사람이 찾아오는데 그 사람이 바로 귀인이다.

　귀인은 상대의 에너지를 발복시켜주는 사람으로 자신보다 에너지 적인 급이 높은 사람만이 아랫사람의 기운을 열어줄 수 있는 것이다. 즉 작은 기운이 큰 기운을 만나면 큰 기운에 영향을 받아 에너지가 돌게 된다. 물은 위에서 아래로 흐르듯 에너지도 큰 데서 작은 데로 흐른다.
　반대로 작은 그릇의 사람이 큰 그릇을 발복시킬 수는 없다. 에너지 차이가 많이 나는 경우는 많은 곳에서 적은 곳으로 흘러 들어가지만 에너지가 동등한 기운끼리 만나게 되면 서로 에너지를 끌어당기면서 주고받을 수 있다. 그러나 서로 합이 잘 맞으면 흥하나 합이 틀어지면 충이 나기도 쉽다. **따라서 귀인은 나의 길을 열어주고 나의 운을 발복시켜 주는 사람이다.**

　인간은 자신에게 허용된 그릇 크기만큼 사물을 볼 줄 안다. 어떤 이에겐 귀한 진주지만 어떤 이에겐 돌덩어리에 불과한 것처럼 자신의 고귀함과 자신 안의 순수성을 볼 줄 아는 사람을 만난다는 것은 천년의 복이기도 하다. 세상에 자신을 알아주는 한 사람만 있어도 그 사람의 인생은 그렇게 나쁘지 않다.

카르마의 인연

카르마의 인연

새로운 만남은 항상 설레고 기쁘지만 헤어짐은 가슴이 아프다. 오는 인연 막지 않고 가는 인연 잡지 않겠다는 마음을 가졌어도, 가는 인연은 역시 붙잡고 싶은 마음이 굴뚝같다. 그것이 카르마의 인연일 경우 더더욱 그렇다.

인연은 물 흐르듯이 흐르는 것이지만, 스쳐 가는 인연을 잡아 곁에 두고 싶어 한다. 그때그때 필요한 인연은 다시 만나지고 서로 간 영혼의 약속을 지키고 나면 자연스럽게 헤어짐의 시간이 다가온다. 그리고 또 다른 인연과의 만남이 기다리고 있다.

인연이라는 것도 카르마의 인연, 영혼의 가족, 역할의 인연 등 다양한 인연이 존재한다. 그 중에서도 카르마적 인연은 그 연결고리가 본드와 같아 마음으로 떼어내기가 엄청 힘이 든다. 관계 속에서 깨닫지 못하면 그 업은 다음 생까지 이어진다. 그토록 카르마의 인연은 질기다.

카르마의 인연은 전생의 사건이 현생으로 이어지면서 엮이는 관계이다. 전생의 특정 사건에 연루된 인연들이 이번 생에 모두 만나 다시 풀지 못한 스토리를 전개시키는 것이다. 전생의 스토리는 현생의 관계로 이어진다. 마치 끝나지 않은 드라마를 이어가듯 전생의 인연은 현생에 역할을 바꾸어 다시 세팅된다.

카르마의 인연은 극과 극의 성질을 띠므로 절실하게 사랑하거나 미워하는 마음이 생기기도 하고 미묘한 감정의 흐름을 동반한다. 이 사람이 아니면 안 될 것만 같고 서로가 서로에게 상처를 입히거나 다투기도 하는 등의 복잡하고 미묘한 감정이 파도처럼 출렁거리며 극과 극의 마음이 오고간다. 서로의 감정을 자극하면서 에너지 고리가 엉키고 서로를 할퀴며 에너지를 빼앗으려 한다.

카르마의 인연은 3차원적 생활에 긴밀히 연결된 가족이나 연인, 친구의 관계로 많이 형성되곤 한다. 지구에서의 깨달음을 위한 장치로 엮인 카르마의 인연은 업(業)을 해소하면 자연스럽게 이별을 하게 되거나 또는 그 관계가 자연스러워지고 편해진다. 더 이상 마음으로도 감정의 동요를 일으키지 않게 된다. 만남과 이별조차도 본인에게 커다란 영향을 미치지 않는다. 즉 다른 차원의 영역에 들어선 것이다. 적절한 시점에 적절한 인연과 만나 서로에게 깨달음을 주고 헤어지며, 이후 또 다른 인연과 만남을 맺으며 에너지는 순환된다. 현재 자신의 의식 크기에 맞게 적절한 인연이 들어오는 것이다.

영적으로는 분명히 헤어지지 않고 하나임을 알지만 육체를 입은 상태에서의 분리로 인해 이별을 두려워하곤 한다. 역할적인 인연은 다양한 방법으로 찾아온다. 서로 간의 역할이 끝나면 자연스럽게 헤어지고, 필요하다 싶으면 또 만나게 된다. 직장 동료 또는 친구나 동업자 관계는 역할적 인연에 해당된다.

인연과 인연의 만남에 대해, 그 당시에는 만남의 원인을 모르더라도 시간이 지나면서 점차 깨닫는 경우가 많다. 다양한 인연들을 만나게 된 참된 이유는 시간이 한참 지나고 난 뒤 퍼즐을 맞추듯 비로소 알게 될 것이다.

우리는 상념만으로도 에너지를 공유한다. 육체는 비록 떨어져 있더라도 상대방을 떠올리면서 에너지를 주고받는다. 또한 만나지는 않았으나 영적으로는 함께하는 존재들이 있음을 안다. 육체가 아닌 영혼의 눈으로 보면 우리의 의식은 하나처럼 연결되어 있다. 원래부터 이별 또한 없었다. 3차원적 육체의 눈으로 보았을 때의 분리감이 이별처럼 다가오는 것이다.

상생의 인연, 상극의 인연

사람은 어떤 인연을 만나느냐에 따라서 자신의 본래 정체성을 되찾을 수도 있고 거꾸로 후퇴를 할 수도 있다. 그래서 인연의 만남은 중요하다. 어떤 인연과는 서로 발전하고 상승하는 관계라면, 어떤 인연과는 서로가 서로를 할퀴는 애증의 관계가 될 수도 있다. 카르마의 인연인 경우 대부분 악연으로 들어오는데 처음엔 죽고 못 사는 관계여도 찢어질 때는 원수가 되어 헤어지기도 한다. 카르마 인연과의 관계는 서로 간의 빚 갚음이 끝날 때 비로소 새로운 흐름에 들어설 수 있다.

카르마적 사랑은 처음엔 전자기적 사랑으로 끌려 들어간다. 강한 사랑은 강한 미움을 동반하듯, 에너지가 강한 끌림은 반대로 강하게 밀어내는 사이가 될 수도 있다. 전자기적 사랑이기 때문에 남녀 간 에너지 쟁탈을 하며 서로의 기운을 소진시켜 나간다.

카르마의 인연에는 상생의 연이 있고 상극의 연이 있다. 상생의 연은 궁극에는 해피엔딩으로 프로그램 되어 있고 상극의 연은 파멸로 프로그램 되어 있다.

남녀가 만날 때 둘 중 하나의 에너지가 너무 빈약할 경우에는 그 상대에게 빠져들었을 때, 본인이 100% 에너지를 내어줘야 하는 관계가 된다. 더군다나 상대에게 홀려서 빠질 경우, 파멸의 첫걸음을 걷게 될 확률이 매우 높다. 이 경우 그 관계성을 살펴보면 카르마의 인연인 경우가 많고 카르마의 인연은 반드시 한쪽의 희생을 불러오게 된다.

에너지는 균형을 맞추려는 속성 때문에 에너지가 많은 곳에서 부족한 곳으로 흘러 들어가게 마련이다. 대개의 경우 카르마의 인연은 뜯어말린다고 헤어질 수 있는 것이 아니며 강력한 끌어당김과 끌림이 서로 작용하여 이루어진다.

에너지는 서로 부족하면 채워주고 채워지면 다시 되돌려주는 관계가 되어야 한다. 사랑은 파멸로 마무리되는 것이 아니다. 진정한 사랑은 긍정적인 창조가 일어나지만 카르마의 인연으로 시작된 착각의 사랑은 파국의 길로 떠난다.

사랑의 파동은 상생의 파동이다. 서로가 서로를 살리는 파동이며 서로가 서로를 존귀하게 만드는 파동이다. 서로가 서로를 할퀴고 서로가 서로에게 상처를 낸다면 그건 악연의 카르마적 사랑이다.

상대 인연과 헤어진 뒤 더 잘 풀린다면 그전의 인연은 악연인 경우가 대부분이다. 카르마의 인연과 빚 정리가 끝나야 다음 단계로 도약할 수 있는 새로운 흐름이 들어오게 되어 있다.

끌림과 자력의 에너지

남녀가 눈이 맞는 것은 서로 간 끌어당김이 있었기 때문이다. 이 끌어당김의 원리를 살펴보면 음은 수축하고 받아들이려 하는 반면, 양은 발산하고 주려 하는 속성이 있다. 음과 양의 끌림의 원리를 물질지구에서는 '사랑'이라는 단어로 표현하곤 한다. 이 음과 양의 끌림은 멀리 있을 때보다 가까이 다가갈수록 그 자력 정도가 강해진다.

음과 양의 속성은 여성과 남성의 속성에도 그대로 반영이 되는데 여성은 기를 내부에 받아들이고 흡수하여 잡아놓으려는 속성이 있고 남성은 적극적인 힘으로 주고자 한다. 여성의 잡아놓으려는 속성은 자신의 내부에 잉태를 하기 위함이다. 음과 양, 이 두 개의 힘이 만나 세 번째의 존재, 즉 '제3의 힘'이 성립하게 된다. 이는 하늘을 상징하는 양과 땅을 상징하는 음 사이에서 인간이라는 존재가 탄생하는 대자연의 섭리이기도 하다.

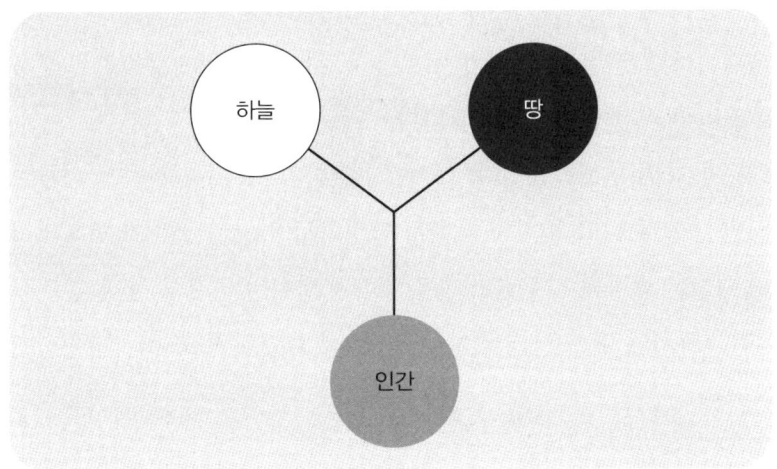

완성에 이르기 위해 음과 양이 하나로 통합되고자 하는 자력의 원리는 대자연의 위대하고 숭고한 힘이기도 하다. 따라서 여성의 음과 남성의 양이 음양합일 될 때 태극이 돌게 되는 이치이기도 하다.

여성은 여성에게 부족한 남성성을 얻어 완성에 이르고, 남성은 남성에게 부족한 여성성을 얻어 완성에 이른다. 여성성은 이해와 포용 그리고 다정함이라면, 남성성은 적극성과 힘 그리고 용감함 등의 속성이 있다.

현재의 물질지구에서 성 에너지는 중요한 역할을 담당하고 있다. 이는 곧 물질 생성 원리이기도 하며, 물질 시스템 기반의 중요 메커니즘의 하나이다. 왜냐하면 여자와 남자가 만나 사랑을 나누고 가정을 이루어 아이를 낳고 기르는 것에 모든 물질의 초점이 맞추어져 있기 때문이다.

여성과 남성이 만나 음과 양의 에너지를 교환하는 것은 성스러운 행위여야만 한다. 이를 통해 서로를 치유하고 서로의 부족한 부분을 주고받아 완전에 이르기 때문이다.

음과 양의 부조화는 소통을 가로막는다. 소통이 완전하게 이루어지면 상생이 되고 주변의 기운을 안정화시키지만, 소통이 막혀버리면 기운은 왜곡되어 주변의 기운 또한 변형시켜 버린다. 물은 흘러야 하며, 막히면 다른 길을 찾아야 한다. 찾지 못하면 고여서 썩어버리기 때문이다.

남녀가 처음 만나면서 느끼는 끌림은 카르마적 자력에 의한 것이다. 음과 양의 자력은 주로 카르마적으로 연결되어 지구로 들어오게 된다. 본래 하나였던 에너지를 둘이라는 극성으로 나누게 되면, 그에 상응하는 반대 속성인 '서로 합하려는 속성'이 생긴다.

카르마란 불완전을 완전으로 돌리는 행위이기도 하다. 또한 카르마란 너와 나의 관계에서 빚어진 빚 청산이기도 한데, 지구에서는 자력 에너지로 연결되어 서로의 끌림으로 시작된다.

여성과 남성의 자력 교환, 즉 성 에너지의 교환은 서로에게 반대의 속성을 부여하여 자신 안에 남성성과 여성성의 조화를 이루기 위함이다. 서로 간 기운의 부조화로 인해 한쪽의 기운이 강할 경우는 한쪽에 흡수되거나 튕겨져 나가는 두 가지 방식으로 표출된다.

성 에너지의 출발은 유혹으로부터 시작된다. 유혹이란 끌어당김인데, 이는 자석의 음과 양이 서로 다가가는 것이 아니라 상대방을 자신의 방향으로 강력한 흡입력으로의 끌어들임이다. 이런 유혹의 에너지는 자력에너지로 강하게 끌어당긴다. 이것은 감성과 감각을 이용한 끌어들임이다. 감성과 감각은 접착력이 우수하여 사람의 감정 상태를 흔들어놓는다.

아담과 이브, 그리고 뱀의 유혹, 나아가 이브의 유혹은 물질우주의 시초였으며 물질을 생성하는 필요조건이 되어버렸다. 또한 성 에너지는 감성과 감각을 통해 우리의 오감을 자극하고 나아가 동정심이나 연민을 이용하기도 한다. 이는 우리의 본성으로 사람을 대하는 것이 아닌 감정으로 사람과의 연결고리를 만드는 것이 된다. 감정체로 연결된 인연은 카르마의 인연이다.

　카르마의 인연은 영적인 채무 관계이다. 가장 강한 카르마의 인연은 부모·자식 간 그리고 부부관계이다. 모든 문제의 발단은 여기로부터 시작된다.
　남녀 간의 왜곡된 만남으로부터 시작된 인연은 자식에게 이어진다. 자식은 고스란히 부모의 카르마를 물려받는다. 만약 이 카르마를 풀지 못한 채 또 다른 인연을 만나면 여기에 더해진 카르마가 또다시 자식에게 이어진다. 이렇게 악연의 순환은 계속된다.

선연, 악연

인생이라는 퍼즐 맞추기

우리는 각자 '인생'이라는 퍼즐 맞추기를 하고 있다. 이 퍼즐 맞추기는 인생을 완성할 때 전체 그림이 완성된다. 각자의 인생 퍼즐 완성품은 다시 인류를 위한 퍼즐 조각이 된다. 퍼즐이 완성되기까지 우리는 불안전하고 엉성하게 보일지라도 하나하나 퍼즐을 맞춰가다 보면 전체 그림이 완성된다.

인생이라는 퍼즐은 일종의 공동 프로젝트이다. 내가 가지고 있는 퍼즐이 30%라면 나머지 퍼즐은 나와 인연이 되는 다른 사람들에게 주어졌다. 각자 자기 인생을 살면서 나와 인연이 되는 사람들에게 퍼즐 조각 하나씩을 얻어 내 인생의 조각들을 연결해 나가게 된다. 또한 인생이라는 퍼즐 조각은 시간과 공간 속에 흩어져 있다.

어떤 조각은 과거라는 시간으로부터 가져오고 어떤 조각은 저 멀리 외국이라는 공간에서 날아오기도 한다. 그런데 자기가 가지고 있는 퍼즐만으로 그림을 맞추려 한다면 그림을 완성시킬 수가 없다. 그래서 타인이 가지고 있는 퍼즐을 가져와 맞추어야 하는데, 타인이 퍼즐 조각을 내놓지 않으면 맞출 수가 없다.

타인이 퍼즐 조각을 내놓게 만들려면 상대에게 공을 들여야 자기가 가지고 있는 퍼즐 조각을 내어준다. 그래서 인생이라는 퍼즐 그림은 공동 작품이 될 수밖에 없다. 각자 자신에게 할당된 퍼즐 그림이 있는데 어떤 이는 큰 그림이요, 어떤 이는 작은 그림이다.

인생 프로그램은 퍼즐의 밑그림에 해당된다. 퍼즐을 맞추는 것은 본인만이 할 수 있는 일이며 그림을 완성시키는 것도 본인의 몫이다. 작은 그림이라고 값어치가 없는 것은 아니다. 피카소의 명작도 그리 크지 않은 그림들이다. 어떤 사람은 큰 그림으로 채우는 사람도 있고 어떤 사람은 작은 그림으로 채울 수 있다.

그림이 크고 작음의 문제가 아니라 얼마나 그림이 완성되고 멋진가에 따라 값어치가 매겨지는 것이다. 큰 그림일수록 공동 작업이 많고 작은 그림일수록 개인 작업이 많다. 아이러니하게도 신은 그림의 퍼즐 조각들을 악연에게 많이 주었다. 즉 악연으로부터 가져올 것이 많다는 이야기이다. 악연에게서 퍼즐 조각을 가져오려면 내 전부를 내어주고 가져와야 한다. 물질이든 정신이든 악연에게 전부를 내어주고 인생이라는 퍼즐 조각을 바꾸어 오는 것이다.

카르마로 엮인 사람들은 서로 자기 것을 찾으려 하나, 반대로 자기 것을 내어주어야만 퍼즐 조각을 찾을 수 있다. 인생이라는 퍼즐은 내 것을 내어주어야만 받을 수 있는 조각들의 모음이다.

첫눈에 반한 인연은
악연인 경우가 대부분이다

인생이라는 여행길에 우리는 참 다양한 인연들을 만난다. 별들도 운행하면서 만나기도 하고 헤어지기도 한다. 때론 부딪쳐 폭파되기도 하는데, 이처럼 사람의 인연도 함께 만나 길을 걷다가 헤어지고 또 다른 인연을 만나 함께 길을 가기도 한다.

그런데 우리가 정말 죽고 못 사는, 사랑이란 이름으로 맺어진 인연은 아이러니하게도 대부분 악연으로 찾아온다. 극성이 강할수록 강한 끌림으로 들어오고 연(緣)이 깊을수록 강한 끌림으로 다가온다.

첫눈에 반하여 사랑을 하게 된 연인도 시간이 흐르다 보면 서로가 서로의 감정을 할퀴어 상처를 내기도 한다. 그러다 감정이 무덤덤해질 때쯤 이별이 찾아온다. 인연은 같은 에너지 레벨과 만나야 소통이 잘된다. 에너지 레벨 차이가 많이 나면 언젠가는 헤어지게 되어 있다. 부모, 형제, 애인, 친구 모두에게 해당된다.

에너지 레벨이라는 것이 물질적인 레벨도 있지만 영적인 레벨도 있다. 레벨이 맞지 않는 만남의 경우, 일방적으로 어느 한 사람의 희생이 계속된다면 관계를 유지하기가 힘든 만남이 될 것이다.

물질적 레벨 차이를 극복하고 만나기도 힘들뿐더러 영적인 레벨차이를 극복하고 만나기란 더 힘든 법이다. 비슷한 것은 비슷한 것을 끌어당긴다고, 주변의 사람을 보면 그 부류의 의식 수준을 알 수가 있다. 딱 그만큼의 의식 수준을 가지고 서로 공유하기 때문에 소통이 되는 것이다. 의식 레벨이 맞지 않으면 소통이 되지 않는다. 요즘은 세대 간의 의식 레벨이 급속도로 벌어지고 있다. 의식 레벨을 맞추려면 높은 사람은 낮추고 낮은 사람은 높이려 해서 그 중간지점을 모색해야 소통이 된다.

소통이란 참 어려운 것이다. 균형의 지점을 찾아야 소통할 수 있기 때문이다. 서로가 자신에게 맞추라고 강요하기 때문에 트러블이 일어나는 것이다. 그래서 필요한 것이 배려이다. 배려란 나를 낮추어 너에게 맞춘다는 의미다. 배려는 곧 예(禮)의 기본 마음가짐이다.

인연으로 인해
인생의 방향이 달라지기도 한다

살다 보면 몇몇의 중요한 인연을 만나게 된다. 그 인연이 자신에게 선연일 수도 있고 악연일 수도 있다. 또한 인연을 만나는 장소와 인연을 만나는 시간은 정해져 있다. 만남을 인위적으로 만들기도 하지만 아주 우연찮게 들어오는 인연도 있다. 그러한 인연으로 인해 자신의 인생 방향이 달라지기도 한다.

인생은 새옹지마(塞翁之馬)이다. 화(禍)인 줄 알았는데 복(福)이 굴러 들어오고 복(福)인 줄 알고 잡았는데 화(禍)인 경우 또한 있다.

인연은 우연을 가장하여 필연으로 들어온다. 어떤 인연은 만남으로써 서로가 흥하면서 발전하기도 하고, 어떤 인연은 자신을 힘든 수렁에서 건져주기도 하며, 어떤 인연은 자신을 늪으로 함께 끌어들이기도 한다. 자신을 도와줄 사람인 줄 알았는데 자신의 것을 빼앗아가는 사람이 있는가 하면, 첨엔 별로였는데 알면 알수록 도움이 되는 사람도 있다. 자신에겐 나쁜 사람인데 다른 사람에겐 좋은 사람이라면, 혹은 나에게는 좋은 사람이지만 다른 사람에게는 별로인 사람도 있다. 즉 사람과 사람이 만나 서로 합이 맞느냐 안 맞느냐에 따라서 좋은 사람, 나쁜 사람이 가려지는 것이기에 사람에 대한 평가는 상대적일 수밖에 없다.

사람과 사람이 만날 때 새로운 에너지가 형성이 된다. 인연과 인연이 만나는 것은 별과 별이 만나는 것과 비슷하다. 서로의 기운과 기운에 영향을 끼치고 영향을 받는다. 모이는 사람들을 보면 그 그룹의 격을 알 수 있고 만나는 사람을 보면 그 사람의 의식 수준을 예측할 수 있다. 사람은 끼리끼리 모이게 되어 있다. 같은 의식 수준, 같은 생각, 같은 부류가 모여 비슷한 에너지를 창출한다.

악연을 만나는 것에는 그 이유가 있다

인연을 만난다는 것은 서로 에너지 준위가 비슷하기 때문에 만나는 것이다. 악연을 만났을 때 이 사람이 나에게 왜 찾아왔는가를 깨달아야만 이 사람과의 관계를 완전히 정리할 수 있다. 그 이유를 알지 못한 채 절교해 버리면 그 사람을 다시 만나든가 아니면 그 사람과 비슷한 사람을 다시 만나게 된다. 즉 나에게 다가온 숙제를 풀지 못하고 미뤄두면 다음에 오는 숙제는 그 배가 되어 돌아온다. 그러한 악연이 다가왔다는 것은 자신의 상태가 안 좋아졌음이고, 상대방은 자신의 안 좋은 점을 거울처럼 비춰주고 있는 것이다.

그러한 악연을 다시 만나지 않으려면 에너지 준위를 높여야 한다. 에너지 준위를 높이는 방법은 깨달음밖에 없다. 카르마 법칙상 회피나 도망을 하게 되면 반드시 그와 비슷한 사람을 만나든가, 아니면 비슷한 상황을 다시 겪게 되므로 피한다고 해서 피할 수 있는 것이 아니다. 자신의 상태가 그 인연과 비슷하기 때문에 만나는 것이고 그 인연을 통해 깨달을 것이 있기 때문에 만나는 것이다.

악연일수록 강력한 끌림을 느낀다. 그 인연이 악연인지 선연인지 구별하고 싶다면 간단한 방법이 있다. 자신의 주변인들에게 그 인연이 어떤 사람인지 판단해 달라고 하면 된다. 주변에서 말리면 일단 악연일 가능성이 높다. 주변의 눈을 무시하면 안 된다. 의외로 보는 눈의 수준이 높다는 것을 알아야 한다. 큰 틀에서 보면 악연은 사실 들어올 인연이 들어온 것인데, 서로의 장력이 강하게 끌어당기므로 주변에서 말린다고 헤어질 수 있는 일은 아니다.

또한 한쪽은 크게 마음에 안 드는데 부모의 성화와 주변 상황이 결혼을 할 수밖에 없도록 몰아가는 케이스도 카르마의 인연이다. 카르마의 인연은 둘 사이의 채무 관계가 완전히 끝이 날 때에야 비로소 정리가 된다.

이별하는 법

만남만큼이나 이별은 중요하다. 만남이 인연과 인연의 에너지를 연결하는 것이라면, 이별은 에너지를 떼어내는 것이다. 인연과 인연이 만나면 새로운 창조가 이루어지지만 헤어질 때는 파괴의 에너지가 감돈다. 그래서 만남만큼이나 이별하는 방법은 매우 중요하다. 이별은 슬픔을 동반하고 감정 에너지를 떼어내는 것이라서 상대와 에너지가 단절되면 죽을 것만 같지만 시간은 또다시 원상태로 복원시키게 마련이다.

떠난 사람은 붙잡지 말자

헤어지고 난 뒤 미련을 못 버리고 다시 연락해서 붙잡으려 하는 사람들도 있다. 정녕 상대방을 위한다면 깔끔하게 돌아서는 것이 더 멋지다. 그래야 가는 사람도 잘 풀리고 본인도 잘 풀리는 법이다. 그러나 헤어짐의 이유를 알지 못하면 그 이유를 알 때까지 마음에서 붙잡고 있는 경우가 있다. 헤어짐의 이유가 명확하다면 깨끗하게 돌아서라!

뒤를 자꾸 돌아보면 절대 앞으로 나아가지 못한다. 빨리 마음을 정리해야 새로운 사람을 받아들일 수 있다. 떠난 사람을 붙잡고 있으면 새로운 인연이 들어올 자리가 없다. 마음속에서 완전히 떼어내어 정리가 되어야 다음 단계로 넘어갈 수가 있는 것이다.

단순한 이별뿐만이 아니라 죽은 자의 경우에도 남아 있는 사람들이 붙잡고 늘어지면 죽은 자의 영혼은 저승길을 가고 싶어도 못 간다. 죽은 자에 대한 예의는 깨끗하게 잊어주는 것이다. 마찬가지로 떠난 사람에 대한 예의는 깨끗하게 보내주고 서로 잘 살아가는 게 맞다.

상대를 걱정한다고 상대가 잘 풀리는 것은 아니다. 걱정은 상대의 에너지를 붙잡아 두는 것이다. 떠난 사람은 붙잡지 마라. 외로워도 혼자 감내하라. 외로움 속에서 정리가 되고 외로움 속에서 성장하는 것이다. 상대와 연결되었던 콘센트가 빠지면서 에너지원이 단절되어 당장은 죽는 것처럼 느껴지더라도 시간이 흐르면 에너지는 다시 복원될 것이다.

사랑하는 사람을 떼어 놓을 때

사랑하는 사람을 떼어 놓을 때는 사랑이 한층 타올랐을 때 떼어 놓아서는 안 된다. 자석과 자석이 가까이 붙었을 때는 더 떼어내기가 어려운 것처럼, 사랑에 불이 지펴지기 시작할 타이밍에 떼어내는 것은 매우 큰 에너지가 소모된다.

　감정적으로 이미 연결되어 자석처럼 붙어버린 마음 에너지를 떼어내는 것은 살점을 떼어내듯 아픈 것이다. 사랑하는 사람을 떼어 놓으려면 일단은 그냥 두어야 한다. 서로 불붙기 시작할 때 떼어 놓으려 하면 오히려 더 붙으려 하기 때문이다.

　불이 붙어 장작이 모두 타버리고 나면 불씨 또한 서서히 가라앉기 마련이다. 사랑의 유효기간이 3년이라는 말이 있듯이, 사랑이라는 감정 에너지를 주고받고 에너지가 정리되는 시간이 바로 3년이라는 시간이다. 3년이라는 시간은 경험의 한 주기이다. 이 시기에 서로 풀 것은 풀고, 줄 것은 주어야 미련이 남지 않는다. 그래서 사람을 깊이 알려면 3년을 만나 봐야 한다.

**남겨진 것이 많으면
떠나기가 힘들다**

　오랜 시간 한 집에 머무르면 집기를 비롯한 물건들이 많아지고, 그 물건들에는 사람의 에너지가 스미게 마련이다. 이사를 가려 해도 짐이 너무 많아 이동하기도 힘들다. 물건과 장소에 배인 사람의 에너지는 강한 접착성이 생기게 된다. 마찬가지로 인간의 영혼도 무거우면 죽어서 지구를 떠나기가 힘들다.

무거운 것은 가라앉듯 에너지도 무거우면 뜨질 않는다. 마음이 밟혀서 떠나지 못하는 영혼도 있고 집착이 강해서 떠나지 못하는 영혼도 있다. 사는 동안 마음을 많이 두면 둘수록 이별도 힘든 것이다. 그래서 헤어짐은 살을 에이듯 아픈 것이다. 그러나 이 지구란 곳은 만남이 있으면 헤어짐이 있듯 만남과 헤어짐을 잘해야 한다. 잘 만나고 잘 이별해야 뒤탈이 나지 않는다.

어린왕자가 지구에 들어올 때는 새들을 타고 왔지만 지구를 떠날 때는 그렇게 하지 못한다. 육체가 너무 무겁기 때문이다. 그래서 가벼운 영 상태로 떠나기 위해 뱀에게 물어달라고 부탁을 한 것이다. 가벼워야 뜰 수 있다. 마음이 가벼워야 떠날 수 있는 것이다. 이별도 헤어짐도 모두 마음 에너지를 떼어내는 작업들이다.

떠나는 자도 남겨진 자도 마음이 깊으면 떠나지 못한다. 몸은 떠나도 마음이 남아 있으면 떠난 것이 아니다. 마찬가지로 죽은 영혼도 산 사람이 붙잡고 있으면 떠나지 못하듯, 떠나야만 하는 자는 잘 보내줘야 한다. 남아 있는 자도 언젠가는 떠나게 될 테니, 먼저 가느냐 뒤에 가느냐의 차이다.

마음을 주는 것은 쉬워도 마음을 거둬들이는 것은 훨씬 어렵다. 돈도 빌려주는 것은 쉬워도 받아내는 것은 더 어렵다. 만남은 쉬워도 이별은 그만큼 더 힘든 법이다. 마음이 오고 가는 것은 에너지가 오고 가는 것이다. 마음을 깊이 두면 둘수록 떼어내는 것은 더 어렵다. 마음에는 접착제가 있어서 붙일 때는 쉽게 붙여도 뗄 때에는 잘 떨어지지 않는다.

죽음을 대하는 우리의 자세

우리는 매 순간 탄생과 죽음을 목격하고, 또 지구에 태어난 이상 죽음이라는 것을 한 번씩 맞이하게 된다. 탄생이 하늘이 하는 일이라면 죽음 또한 하늘이 하는 일이다. 탄생과 죽음이라는 것이 인간이 만들어내는 것 같아도 하늘이 하는 일 중 가장 중요한 일이다. 즉 신이 개입되는 것이 탄생과 죽음이다.

주변에 죽은 사람이 생겼을 때나 어떤 사건 사고에 의해 사람이 죽게 되었을 때, 우리는 사람의 죽음을 통해서 삶과 죽음을 깨닫고 죽은 자를 애도한다. 산 자의 역할은 죽은 자의 몫까지 열심히 살아주는 것이다.
가족이나 친척, 혹은 지인이 죽었을 때 가장 감정적으로 원통해하고 오버하는 사람이 가장 큰 '죄인'이다. 자식이 죽으면 부모가 가장 큰 죄인이다. 감정적으로 죽음을 받아들인다고 달라지는 것은 아무 것도 없다. 죽음 앞에 감정적이 되면 이성은 사라지고 본능적으로 움직이기 때문에, 사리분별이 되지 않고 남 탓을 하면서 주변 사람들을 괴롭고 힘들게 만든다. 과연 이것이 죽은 사람을 위한 진정한 애도의 자세인가 다시 한 번 생각해 볼 필요가 있다.

사람은 저승에 갈 때 한 명씩 가는 것이 아니다. 함께 저승길을 가는 경우가 많은데 장례식장에서도 사람이 없을 때는 아예 없다가 갑자기 장례식장이 꽉 찰 정도로 몰려드는 경향이 있다.

특정 사건 사고로 죽은 사람의 숫자가 많을 때, 죽은 사람의 부모를 비롯한 지인들의 감정체가 강하게 발동되면서 주변에 감정의 사념체를 전달한다. 이 에너지가 회오리처럼 걷잡을 수 없이 커지기 시작하면 인간은 광기에 사로잡힌다. 광기에 사로잡히면 남은 안 보이고 특정 감정체에 의해 움직이게 되며, 그 감정체가 주변을 장악하기 시작한다. 이때 광기에너지가 돌기 시작한다. 광기는 귀(鬼)의 움직임이다.

죽음을 넋이 나갈 정도로 슬프게 애도하고 감정적으로 대하는 것이 죽은 사람을 위한 진정한 애도라고 착각하는데, 죽은 자는 남아 있는 자가 행복하게 잘 살길 바라는 마음이며 산 사람은 씩씩하고 행복하게 잘 살아주면 된다.

죽은 자에게 애도를 표할 때 슬픔의 에너지에 휩싸여 감정적이길 기대하는 사람들이 많다. 감정적이지 않다고 하여 애도를 하지 않는 것이 아니며, 어쩌면 감정적인 사람보다 더 애도를 하는 사람이라는 것을 알아두기 바란다.

죽은 자는 산 자가 울고불고 슬퍼하는 것을 원치 않는다. 만약 죽은 자가 울고불고 슬퍼하길 바란다면 그것은 귀 노름이다. 산 자는 죽은 자를 잘 떠나 보내줘야 하고 죽은 자는 이승에 미련 없이 저승으로 떠나줘야 한다.

 죽음을 대함에 있어서 감정적이지 않고 최대한 침착하고 이성적으로 상대를 애도하는 것이 진정으로 죽은 자를 위한 애도가 된다. 감정에 휩싸여 광기의 모습을 보여주는 사람이 있다면 그 사람이 그 죽음에 가장 큰 죄인이다. 마음의 죄가 깊기 때문에 가장 크게 통곡하는 것이다. 감정에 호소하고 감정에 휩쓸려 상대도 감정적이길 바란다면 그것은 사념체가 움직이고 있다는 표식이다.

 사념체는 사람이 죽고 난 뒤 슬픔의 애도 기간에 가장 잘 퍼진다. 정치권에서는 이 사념체를 잘 활용한다. 애도하는 것처럼 보이지만 그 속내는 정치적 목적이 담겨 있고 국민은 그 사념체에 놀아난다.

죽음의 방법

 죽음에는 만천하에 드러나는 죽음이 있고, 언제 어떻게 죽었는지조차 모르는 비밀스러운 죽음이 있다. 어떤 사람은 타인에 의해 죽고 어떤 사람은 자신에 의해 죽는다.

 발산형은 타인을 죽이고 수축형은 자신을 죽인다. 발산형은 외부 변수에 의해 죽을 가능성이 많고, 수축형은 병으로 죽을 가능성이 많다. 자신의 성향과 삶의 결과에 따라 죽는 방법도 달라진다.

태어나는 것은 똑같이 태어났다 하더라도 죽는 방법에는 여러 가지 방법들이 있다. 현실 의식 상태에서 태어나는 것은 내 의지가 개입되지 못하지만, 죽는 것은 어느 정도 자신의 의지가 개입될 수 있다. 그래서 인간은 태어나는 것보다 죽을 때가 더 중요한 법이다.

영혼의 짝, 소울메이트

소울메이트도 찢어지면 원수다

사람들은 누구나 영혼의 짝인 소울메이트를 꿈꾼다. 자신과 운명적인 사랑을 나누고 자신의 반쪽이라 여기는 소울메이트를 꿈꾸지만 현실은 현실이다. 카르마 인연끼리 만나 '소울메이트'라며 불타는 사랑을 해도 헤어질 땐 원수처럼 헤어지는 경우도 많다.

사랑할 땐 내 목숨을 내어주어도 아깝지 않다고 느끼지만 환상에서 깨고 나면 현실이 보이는 법이다. 인생을 살면서 환상을 품으면 삶의 현실감이 떨어지고, 현실감이 떨어지면 사회로부터 격리되기 쉽다. 더군다나 영적 환상은 현실을 도피하는 마약과도 같다.

소울메이트(Soulmate)라는 말은 뉴에이지에서 주로 사용하는 용어인데 영혼의 동반자라고도 표현할 수 있다. 여기에는 일종의 환상 같은 이미지가 심어져 있다. 소울메이트를 한마디로 표현하면, 서로의 의식을 상승시켜 주는 상생의 인연을 말한다.

소울메이트의 기본 요건은 아래와 같다.

1. 의사소통이 잘 이루어져야 한다.
2. 사상과 신념이 비슷해야 한다.
3. 서로 상생이 이루어져야 한다.
4. 서로가 서로에게 수호신 역할을 해야 한다.
5. 서로가 서로를 존중해야 한다.

위의 요건을 충족시켜도 성적 매력이 없으면 끌리지 않는다. 성적 매력이나 끌림은 카르마의 인연이 더 강하게 끌어당기는 법이다.

소울메이트의 경우, 서로 상생의 인연이지만 물질적인 부분이 충족되지 않을 수도 있다. 즉 소울메이트를 찾으려면 물질에 대한 욕심은 내려놓고 시작해야 한다. 소울메이트는 정신적인 측면으로 들어가야 한다. 어디까지나 영혼의 동반자이기 때문에 상대방이 가난하든, 능력이 없든 간에, 현실의 문제점을 모두 감수하고 영적인 사랑으로 들어가야 한다. 영적인 사랑으로 들어가려면 물질적인 부분은 일정 부분 포기하고 들어가야 한다. 사람들은 소울메이트에게 성적 끌림도 얻고 싶고, 물질적 풍요도 얻고 싶고, 사회적 지위까지 바란다. 성적으로도 끌리고, 물질적으로도 부를 가지고 있고, 사회적 지위까지 있는 사람을 원한다면 소울메이트가 아니라 카르마의 인연을 찾아야 한다.

소울메이트는 물질적 사고방식을 뛰어넘은 정신 영역에서 사상과 신념이 통하는 사람을 말한다. 물론 개중에는 카르마의 인연으로 만나 소울메이트로 발전되는 사람들도 있다. 그러나 이러한 경우는 아주 소수이다. 의식 레벨이 안 되는 사람에게 소울메이트는 찾아오지 않는다. 카르마의 인연만 있을 뿐…….

카르마의 인연을 소울메이트로 착각하는 경우가 많은데, 이런 경우 '우리는 소울메이트이다.'라고 표현을 할지 몰라도 찢어지면 원수가 되는 소울메이트들을 많이 보아왔다. 소울메이트를 찾고 싶다면 물질적인 부분에 대한 욕심은 내려놓고 순수하게 정신적인 짝을 찾아야 한다. 차라리 카르마의 인연으로 만난 천년의 사랑 같은 질기고 질긴 인연을 만나 소울메이트라 착각하고 사는 것이 더 드라마틱하고 더 불꽃같은 법이다.

결혼은 실전이다! 서로 살다가 그나마 "소울메이트 같은 소리 하고 있네!"라는 얘기만 안 나와도 다행이다. 그냥 열심히 살면 된다. 살다 보면 죽는 날에서야 비로소 알게 된다. 상대가 웬수인지, 소울메이트인지…….

쌍둥이 불꽃과
소울메이트에 관하여

사람들은 운명적인 만남을 꿈꾸고 자신과 잘 통하는 사람을 만나길 바라지만, 아무리 쌍둥이 영혼이나 소울메이트라 해도 자신과 꼭 맞게 잘 통하기란 쉽지 않다. 인간의 삶은 서로 다른 사람끼리 맞춰가는 것이기 때문이다.

가족 외에 유일하게 자신에게 선택권이 주어지는 사람이 바로 연인이자 배우자이다. 자신이 선택한 인연이기 때문에 그만큼 책임감이 부여되는 관계이기도 하다. 부모 자식 간은 자신이 선택할 수 있는 문제는 아니다. 누군가는 여러 명의 인연이 주어지고, 누군가는 눈을 씻고 찾아봐도 만날 수 없다. 어찌 보면 불공평한 것처럼 보이지만 사람에게는 누구나 자신의 반쪽이 있게 마련이다.

지구는 이원성의 세계이다. 음양이 나눠진 곳으로, 만물은 여자와 남자로 만들어졌고 모든 동물들도 음양으로 창조되었으며 낮과 밤이 있고 낮은 태양이 지키고 밤은 달이 지킨다. 만물은 모두 음과 양으로 창조되었듯 이 세계와 저 세계도 음양의 단면이다.

서양의 카발라에서도 처음 케테르의 불꽃은 비나와 호크마 두 개의 음양으로 나뉜다. 영의 최초 에센스는 하나로부터 출발하여 음양으로 나뉜 뒤, 점차 밀도를 낮춰가면서 영의 통합 세계인 예소드를 통해 물질지구인 말쿠트 킹덤으로 들어오게 된다.

영혼은 달을 거쳐 지구로 들어온다. 최초 영의 에센스 불꽃은 두 개로 분화하면서 쌍둥이 불꽃이 되고 쌍둥이 불꽃은 다시 밀도를 낮추어 지구에 음양으로 분리되어 들어온다. 영의 최초 에센스 불꽃은 하나에서 출발한다. 그 뒤 밀도를 점점 낮추는 시간 동안 기억은 점점 희미해지고 망각의 샘물인 레테의 강을 건넌 것처럼 서로가 서로를 못 알아볼 만큼 성질은 분리되어 나타난다.

한 마디로 표현하면 '웬수' 같은 파트너가 자신의 쌍둥이 불꽃일 수가 있는 것이다. 쌍둥이 영혼은 서로 성향이나 기질은 다르지만 비슷한 체험 속에서 유사한 길을 걸어왔을 가능성이 높다. 최초 통합 에센스는 자신의 차원을 낮추면서 물질 차원에서는 음양으로 분리되어 지구로 입식해 들어온다.

지구에 내려온 영혼이 영의 완전체를 만들려면 반대되는 성의 속성을 만나야 한다. 이것이 음양조화의 기본이며 완전체를 이루기 위한 하나의 과정인 것이다. 물질지구를 둘러싸고 있는 에너지체는 전자기적 속성으로 둘러쳐져 있고 남녀의 만남 또한 전자기적 속성에 따라 끌리고 밀리면서 에너지를 주고받는 관계를 형성하는 것이다. 눈에 보이지 않는 에너지는 전자기적 속성에 의해 서로 간에 에너지를 주고받는데, 음양의 에너지는 가장 기본적인 속성이기도 하다.
따라서 지구에 몸을 입은 모든 사람들은 반드시 한 명씩의 자기 짝이 존재한다. 그 짝을 언제 어떻게 만나느냐가 관건이다.

자신의 성향과 정반대되는 성향으로 자신의 부족한 점을 보완할 수 있는 관계라면 쌍둥이 영혼으로 들어온 배우자일 가능성이 높지만, 대체적으로 비슷한 유형으로 서로 비슷한 것이 많아 잘 통하는 사람은 대부분 소울메이트인 경우가 많다.

서로가 서로에게 영향을 끼치며 바르게 성장할 수 있는 관계가 바로 소울메이트이며, 사람마다 소울메이트는 여러 명이 될 수도 있다. 인간은 혼자 살 수 없고, 자신이 자신을 보게 만들어 두지 않았다. 나의 모습은 상대를 통해서 비추어 볼 수 있게 설계되었다.

나는 나의 눈을 볼 수 없으나 상대는 나의 눈을 볼 수 있는 것처럼, 내가 볼 수 없는 곳은 상대를 통해서 비추어 보고 견주어 보는 것이다. 그래서 사람은 서로가 서로를 비춰주는 거울이 된다.

쌍둥이 불꽃이 서로를 비춰주는 관계라면, 소울메이트는 같은 곳을 향해 함께 바라보는 관계이다.

나와 부모의 인연이 되었든 자식의 연이 되었든 현재 나와 인연이 되었다는 것은 그 사람을 통해 자신을 돌아보고 바라보라는 시그널이다. 괜히 가족으로 엮인 것이 아니다. 가장 밀접하게 연결되었다는 것은 그만큼 관계성이 깊다는 뜻이다. 현재 자신에게 필요한 것은 먼 곳에 있는 것이 아니라 가까운 곳에 있다.

파랑새를 찾아 떠났는데 결국 파랑새가 집안에 있었던 것처럼, 소중한 것은 먼 곳에 있는 것이 아니라 가까운 곳에 있는 것이다. 먼 곳에서 찾지 말고 가까이 있는 사람에게 잘하고 서로 잘 맞추어라!

인연과 환경

기운은 전염된다

한 사무실에 감기 환자가 있으면 그 사무실은 모두 감기에 전염이 된다. 보이지 않는 바이러스가 사람을 통해서 전염되듯 기운과 기운도 전염이 된다. 사람과 사람이 만날 때는 에너지와 에너지가 혼합이 된다. 상대가 가지고 있는 에너지 환경과 자신의 에너지 환경이 합쳐지면서 새로운 공간 에너지 장을 만들어내는데, 기운은 만나면서 서로 충이 날 때도 있고 서로 합이 생기기도 한다.

첫인상은 30초 안에 결정된다는 말이 있는데, 30초 안에 사람과 사람의 기운 점검이 순식간에 끝나는 것이다. 처음 만났을 때 느낌과 인상으로 모든 결정이 판가름 나듯, 사람과 사람이 만나는 것은 매우 큰 사건 중 하나이기도 하다. 기운은 큰 기운에서 작은 기운으로 흘러간다. 물이 위에서 아래로 흐르듯 큰 기운의 에너지는 작은 기운의 에너지로 흘러들어간다.

사람은 사람을 둘러싼 에너지가 있다. 그 사람이 풍기는 기운과 그 사람이 자라온 환경, 그리고 그 사람이 생각하고 행동하는 것에 따라서 만들어진 에너지 환경이 있다. 물과 물이 섞이듯, 공기와 공기가 섞이듯, 기운과 기운도 섞인다.

사회생활을 하다 보면 어떤 사람을 만나면 괜히 기분이 좋고 어떤 사람을 만나면 기운이 처지기도 하는데, 기운은 전염이 되기 때문이다. 같은 원리로 사무실 안에 우울한 사람이 있으면 주변 사람들도 우울해지기 마련이다. 우울한 기운이 주변 환경에 영향을 미치기 때문이다. 우울한 기운이 강하게 드는 곳은 잠시 자리를 피하는 것도 방법이다.

만약 자신이 우울함에 사로잡혀 있다면 주변에 자신의 우울한 기운을 전염시킬 수 있기 때문에 자신의 에너지 상태를 점검하는 것이 필요하다. 자신의 우울한 기운이 상대에게 전염되고 있다는 것을 인지한다면, 우울한 기분이 들 때 자신보다 밝고 기운이 큰 사람에게 기운을 받거나, 그렇지 않다면 혼자 있는 편이 차라리 낫다.

자신이 어떤 에너지를 풍기고 있는지, 자신의 부정적 상념은 상대에게 어떤 영향을 미칠 것인지 인지하고 있으면 좋다. 부정적 상념이 강하면 주변에도 부정적 상념을 퍼뜨리기 때문에 자신이 주변 사람들에게 얼마나 피해를 주고 있는지 깨달아야 한다. 먼저 인지하고 깨닫는 사람이 먼저 행동하기 시작하면 주변은 서서히 바뀌기 시작한다.

주변을 밝게 비출 것인가?

혼자만의 상념에 젖을 것인가?

모든 것은 자신의 마음에 달려 있다.

안 쓰는 물건은
미련 없이 버려라

나는 물건을 다소 오래 쓰는 편인데 버리기도 잘 버리는 편이라 얼마 전 낡은 옷들을 모두 정리하였다. 옷들을 정리하다 보니 옛날 기억들이 새록새록 떠올랐다. 이는 옷에 묻어 있는 추억의 기운 때문이다.

이 옷을 입고 어디어디를 갔었는데…….

이 옷을 입고 누구누구를 만났었는데…….

이 옷을 입고 무얼 했었는데……. 등등.

옷에는 나의 추억과 기운이 서려 있다. 그래서 죽은 사람의 옷가지들은 모두 태워버리는 것이다. 현실에서도 안 쓰는 물건은 바로바로 정리하는 편이 낫다. 물건 정리는 에너지 정리의 기본이다. **왜냐하면 물건에 배어 있는 기운 때문이다.**

사람들은 주로 이사를 가면서 옷과 물건들을 정리하게 된다. 또한 계절이 바뀌는 시기에도 옷 정리가 필요하다. 매번 옷을 정리하면서 버리지 못하는 옷들이 있는데

1. 나중에 살 빠지면 입을 것 같은 옷
2. 잘 입진 않지만 비싸게 주고 산 옷

그러나 나중에 살 빠지면 입을 줄 알았던 옷은 나중에 살 빠지면 안 입는다. 왜냐하면 유행이 이미 지나버렸거나 새로운 옷을 구입하려 하기 때문에, 사이즈가 맞지 않는 옷은 가차 없이 남을 주거나 버리는 것이 바람직하다.

두 번째, 안 입지만 비싸게 주고 산 옷은 참 처분하기가 애매하다. 일단 아깝기 때문이기도 하거니와 돈을 버리는 것 같아 잘 버리지 못한다.

한 번 입고 안 입는 옷들은 나중에도 잘 안 입게 되기 때문에 3번 이상 입어지지 않는 옷들은 가차 없이 처분하는 편이 낫다. 안 입는 옷으로 괜히 옷장을 채워둘 필요는 없다.

물건이라는 것은 잘 써야 한다. 고이 모셔두고 안 쓰는 물건은 별로 도움이 되지 않는다. 주차장 차들도 차가 빠져야 다음 차가 들어오듯 옷장도 버릴 옷들이 빠져야 옷이 빠진 자리에 새 옷이 들어올 수 있는 것이다. 옷장에 고이 모셔두기만 할 옷이라면 차라리 옷이 필요한 누군가에게 주거나 처분하는 편이 낫다.

물건이라는 것에는 에너지가 스미기 때문에 옷에는 과거 기억들이 묻어 있다. 가지각색의 흔적들이 옷에 스며 있고 배어 있기 때문에 과거 인연과 연관된 옷들은 처분하는 것이 좋다. 과거 옷을 버려야 새로운 옷이 들어올 수 있다.

만약 새로운 인연이 세팅되어 새로운 인연을 만난다면 새로운 옷을 구입하여 새롭게 에너지를 입식하는 것이 이롭다. 그래서 안 쓰는 물건이나 옷은 다른 사람을 주든지 버리는 것이 좋다. 이것은 에너지 정리의 기본이다.

자기 환경은 자기가 만든다

인연은 내가 만들어 놓은 환경 때문에 불러들이는 것이다. 어떤 이는 가해자를 불러들이기도 하고, 어떤 이는 사기꾼을 불러들이기도 한다. 사람마다 자신의 에너지 기운에 따라 들어오고 나가는 인연이 달라지게 마련이다.

주변에 신용불량자가 세팅이 되는 사람은 계속 신용불량자와 인연이 되는데, 이 사람이 신용불량자가 세팅된 원인을 깨달을 때까지 새로운 신용불량자가 계속 연이어 들어오며 정을 빌미로 돈이 털린다. 열심히 안 쓰고 안 입고 모아놓은 돈을 한순간에 털려버리는 것이다.

마찬가지로 어떤 남자를 만나 헤어지고 난 뒤, 다시는 그런 남자를 만나지 않겠다고 다짐을 해도 또다시 그런 유형의 사람을 만난다는 것은, 그 체험을 통해서 깨달아야 하는 것이 있기 때문에 반복해서 들어오는 것이다.

예를 들어 신용불량자가 인연이 되어서 나의 돈을 털어갔다면 신용불량자를 불러들인 환경을 세팅한 나의 잘못이 가장 크다. 즉 돈을 털어간 그들의 잘못이 아니라 호구처럼 보인 나의 잘못이 가장 크다는 것이다.

자신의 전 재산을 모두 털리고 난 뒤 아무것도 없는 빈털터리가 되어 산이나 농촌으로 들어간다. 이들은 물질적 채무뿐만이 아니라 영적인 채무까지 많은 사람들이기 때문에 영성계나 도판을 기웃거리기도 한다. 이들의 실패 원인은 자만이다.

물질적 빚 채무를 진 다음에야 비로소 영적 채무를 깨닫게 되는데 농촌으로 내려가거나, 산으로 들어가거나, 영성계나 도판에 기웃거리는 것은 다시 바닥부터 공부를 하라는 시그널이다.

신용불량자가 될 정도로 물질적 빚을 지고도 자신의 고집과 자만을 버리지 못하고 영적 망상을 키우는 경우가 많다. 영적 망상까지의 과정을 모두 거치고 난 뒤 사람마저 다 떠나고 나면, 그때 비로소 자신의 문제점을 돌아보게 된다. 이들은 사실 그릇이 크기도 하다. 그릇이 큰 만큼 갚아야 할 빚도 큰 법이다.

그러나 아직 신용불량자가 되지도 않았는데 이미 신용불량자나 물질적, 영적 빚이 많은 사람과 연이 되었다면 그들에게 에너지를 다 빨리고 나서 그들과 비슷한 전철을 밟기 쉽다. 미리 그러한 과정을 거치게 될 것이라는 것을 상대 인연을 통해 보여주고 있는 것이다. 따라서 자신을 점검할 때는 자기 주변에 세팅된 사람을 살펴보는 것이 자신을 판단하는 가장 기초적인 데이터가 된다.

어떻게 인연이 세팅되어 있는지 살펴보는 것이 필요하다. 그러한 상황이 초창기에 조금 들어왔을 때 바로 깨달으면 큰 사건이 일어나지 않지만, 깨닫지 못하면 계속 물려 들어간다.

환경은 자신이 세팅하는 것이다. 좋은 에너지 상태를 만들어 놓으면 자신보다 급이 높은 곳에서 인연의 연이 들어오고, 자신의 에너지 상태가 틈이 많으면 털어갈 사자(使者)가 들어오는 것이다.

현실도피와 영성

삶의 가장 큰 스승은 '카르마'이다. 자신에게 할당된 숙제와 같은 카르마는 인생의 장애물처럼 보일지라도 이러한 장애물을 잘 넘기면 다음에 오는 새로운 장애물을 만나도 쉽게 넘길 수 있다.

그런데 자신 앞에 다가온 숙제는 외면한 채 다른 곳으로 눈을 돌리면서 현실을 회피하려 한다면, 장애물은 나중에 더 큰 장애물로 증폭하여 빚이나 채무가 되어 돌아오게 된다.

빚이나 채무도 작은 돈일 때는 갚기가 쉽지만 큰돈일 때는 감당하기 힘든 것처럼, 내 앞에 다가온 문제들은 미루지 말고 그때그때 처리해야 한다. 그런데 자신에게 주어진 숙제는 하기 싫어하는 가운데 많은 사람들이 영성의 함정에 빠지곤 한다.

현실 의식과 동떨어진 의식들은 점점 현실과 인지부조화 현상을 낳는다. 영성의 주요 소스는 사람들에게 강한 호기심을 주며 끌어당기는데 호기심은 호기심으로 끝내야 한다. 채널링 메시지에 빠져들면 들수록 헤어나기는 더욱 힘들뿐더러 망상 의식까지 불러오기 때문에 현실 의식과는 점점 멀어지게 된다.

사회적 불안과 대자연의 흔들림은 지구 종말에 대한 이야기들로 부풀려지고 사람들을 두려움에 휩싸이게 만든다. 종말이라는 소스는 많은 사람들을 두려움에 빠지게 만들어 특정단체나 종교에 묶어놓게 만든다. 특정종교의 방식으로 무언가를 해야 '살아남는다'라고 세뇌를 시키기도 한다.

이러한 방식은 죽음에 대한 두려움을 이용하여 사람들을 끌어들이는 방식이다. 종말에 대한 이야기들은 천 년 전에도 있었고 앞으로도 계속 생기는 이야기들이다. 이런 종류의 영성은 이제 낡은 메시지가 되었으며, 세상은 변화하고 있고 변화의 흐름에 맞게 새로운 메시지들이 나와 줘야 한다. 새로운 것들이 나오지 않으니 자꾸 과거의 에너지를 당겨 연명하려 하는데 이러한 현상들은 사회 곳곳에 만연해 있다.

현실의식과 너무 동떨어진 메시지는 망상을 불러온다. 깨달음은 지구 저편에 있는 것이 아니라 내 앞에 다가오는 일들에 최선을 다할 때 그때 비로소 조금씩 보이는 것이다.

특정종교나 영성단체에 빠지는 것은 그러한 단체와 연이 있기 때문에 그곳에 들어가는 것이다. 그러한 곳에서 본인이 배워야 할 것들이 있기 때문에 강한 호기심으로 끌려 들어가는 것이다. 물론 현명한 사람들은 몸소 체험하면서 돈 낭비, 시간 낭비 하지 않을 테고, 분별력이 떨어지는 사람들은 몸소 체험하면서 깨닫는 것이 낫다. 그래서 무지할수록 몸이 바쁜 것이다.

운(運)과 인연

**팔자는 타고나고
운은 개선하는 것이다**

타고난 습성을 바꾸지 않는 한 자신의 팔자대로 흘러가는 것이 운명이다. 자신의 기질대로, 자신의 습관대로, 모든 것을 선택하기 때문에 팔자대로 흘러가는 것이다. 속담 중에 '부모가 반 팔자'라는 말이 있듯, 자식은 부모의 습성을 닮고 또 비슷한 인생을 살아간다. 그래서 팔자의 반은 부모로부터 물려받는 것이 맞다. 또한 '팔자는 독 안에 숨는다고 해도 피할 수 없다'고 하는데 자신의 운명 지도는 태어날 때 이미 세팅을 하고 나오기 때문이다.

우리의 영혼은 각자의 미션을 가지고 지구에 내려와 한 개씩의 육체를 입는다. 이 육체 속에 영혼의 에너지가 스미면서 육체는 영혼의 미션을 수행하게 된다. 영혼의 미션이 이 팔자 속에 숨겨져 있다.

팔자는 타고났으되 운은 본인의 노력 여하에 따라 바꿀 수 있다. 운(運)은 운전할 '운'자를 쓰는데 자신이 운용하고 다룰 수 있기 때문에 운(運)자를 쓰는 것이다. 운은 자신의 팔자를 다루는 힘이다.

　우리는 태어날 때 자신이 이생에서 해야 될 숙제를 안고 태어난다. 이 숙제를 힘들게 하느냐 쉽게 하느냐는 자신의 운(運)에 달려 있다.

　자신에게 주어진 몫을 받아들이고 자신의 길을 걸어간다면 자신의 인생에 빛을 더할 것이요, 자신에게 주어진 길이 아닌 다른 길로 간다면 여기저기 터지며 돌고 돌아 다시 제자리로 돌아와 다시 시작하게 된다.

　운은 흐름이 있고 돌고 돈다. 운이 돌고 돌아 내 앞에 왔을 때 그 흐름을 잘 타야 한다. 좋은 것이 끝나면 시험이 들어오고, 시험을 잘 풀어내면 좋은 날이 찾아오고, 앞이 보이지 않는 막다른 골목에 다다르면 새로운 문이 열리고, 잘나가다가 오버하면 꺼꾸러지고 그렇게 흘러가는 것이 운이다.

　'안 되는 놈은 뒤로 자빠져도 코가 깨진다'라고 하는데, 이 말은 자신의 운이 안 좋을 때는 무엇을 해도 안 된다는 말이다. 이처럼 운이 안 좋을 때는 자신을 돌아보라는 이야기다.

　자신이 지금 역주행을 하고 있는 건 아닌지 흐름을 거스르는 것은 아닌지 자신을 돌아보고 문제점을 깨달으면 그때 비로소 길이 보이는 법이다. 제대로 된 길에 접어들면 마음은 서서히 안정이 되고 운은 점차 잘 굴러가며 가속이 붙게 된다. 그렇게 영혼의 미션을 완수하는 것, 이것이 바로 팔자 속에 숨겨져 있다.

운의 흐름

사람의 팔자는 영(靈)의 세계에서 받은 명(命)이고, 운(運)은 혼의 세계에서 다스리는 것이다. 영혼의 차원에서 자신이 다스릴 수 있는 것, 이것이 바로 '운'이다. 즉 운은 아스트랄계에서 이루어지는 흐름이다.

운의 흐름은 에너지 댐에 쌓인 기운이 흘러가면서 길을 만드는 것이다. 에너지가 차면 넘쳐흘러 다른 흐름으로 들어가게 되어 있다. 이때 '운이 좋다', '운이 받쳐준다', 혹은 '운수 대통이다'라고 이야기하지만 이것은 에너지가 꽉 차서 다른 흐름으로 넘어갈 때 일이 술술 풀리는 것처럼 운에 의해 모든 것이 움직이는 것처럼 느껴질 뿐이다.

영적인 차원에서 접근하자면 세상에 우연이란 없고 모두 필연의 결과일 뿐이다. 잘 풀리는 인간은 뭘 해도 잘 풀리고, 안 풀리는 인간은 뭘 해도 안 풀린다. 그런데 잘 풀리는 인간은 대부분 긍정적인 사람이 많고, 안 풀리는 인간은 대부분 부정적이다.

'입이 보살'이라고 안 풀리는 인간은 입에 걱정을 달고 다닌다. 에너지는 자신이 말한 대로 이루어지고 자신이 생각한 대로 움직인다. '안 된다', '못 한다', '힘들어 죽겠다', '운이 없다', 등등 부정적인 언어로 자신에게 오는 좋은 기운들을 쳐내고 있으니 운이 안 받쳐주는 것이다. 이것은 운이 없는 게 아니라 자기 자신이 스스로 일이 안 이루어지도록 부정적인 에너지를 창조하고 있는 것이다. 모든 것이 다

'때'라는 것이 있고 흐름이 있으니, 무언가 막힐 때는 아직 흐름이 '안 왔는가 보다'라고 생각하는 것이 맞다.

운기(運氣)가 안 좋다는 것은 에너지가 아직 차지 않았다는 것이다. 에너지가 다 차지 않은 상태에서 무언가를 하려고 하면 다 차단되고 막히는 것처럼 보이고 운이 안 받쳐주는 것처럼 보이는 것이다. 새로운 흐름으로 들어가려면 새로운 에너지가 차서 넘쳐야 물질화가 이루어지는 법이다.

운과 머피의 법칙

속담 중에 '가루 팔러 가니 바람 불고, 소금 팔러 가니 이슬비 온다'라는 말이 있다. 즉 머피의 법칙을 이야기하는 속담인데, 머피의 법칙에 걸리는 사람들에게는 어떤 특징이 있다. 그런 사람들의 특징 중 하나가 일이 이루어지려는 찰나, 두려움이 앞서면서 일을 틀어버리는 경향이 많다는 것이다.

머피의 법칙에 걸려 재수가 없는 것이 아니라 자신의 무의식에서 아직 때가 안 되었기 때문에 막고 있거나 혹은 한번 일어났던 부정적인 상념파가 자신을 지배하면서 머피의 법칙에 걸린다는 주문을 자신에게 걸어 놓았기 때문에 계속해서 그런 흐름으로 빨려 들어가는 것이다. 자신의 상태가 안 좋으면 계속 비슷한 흐름과 맞물리면서 안 좋은 상황이 펼쳐진다. 이때는 자신을 점검하라는 신호다.

가루 팔러 가니 바람 불고 소금 팔러 가니 이슬비가 온다면 '오늘 장사하지 말고 일찍 들어가라는 뜻이군.' 하고 생각하면 된다. 따라서 운은 긍정적인 흐름 속에서 이루어지는 속도가 더 빠른 법이다. 운의 흐름은 생기로 만들어지고 억지로 만든 흐름은 되돌려 맞게 되어 있다. 그래서 자연스러운 흐름을 타야 한다.

삶의 규격에 맞추다 보면 인생이 고달프다. 남들 취직할 때 취직해야 하고, 남들 결혼할 때 결혼해야 하고, 남들 집 살 때 집 사야 하고, 남들 자식 낳을 때 자식 낳아야 하는 등 삶의 규격을 정해놓고 그 규격에 맞추어 살려고 하다 보면 거기에서 오는 불만족과 비교가 자신을 더 초라하게 만드는 법이다.

인생에 정답은 없다. 남들처럼 살 필요도 없고 남들 하는 대로 따라갈 필요도 없다. 누가 뭐라 하든 자기 인생은 자기가 책임지고 자기가 살아나가는 것이다. 자신이 선택하고 자신이 만든 인생은 후회가 되지 않는 법이다. 이제까지 힘든 삶을 살았다면 앞으로 오는 시간은 잘 풀리는 흐름에 들어설 것이다. 왜? 운(運)이란 맷돌처럼 돌고 도는 것이니까!

마지막으로, 나는 새옹지마(塞翁之馬)란 사자성어를 좋아한다. '새옹지마'란 인생의 길흉화복은 변화가 많아 예측하기 어렵다는 뜻인데 내용은 아래와 같다.

옛날 중국 북쪽 변방에 사는 노인이 기르던 말이 오랑캐 땅으로 달아나 낙심하고 있는데, 얼마 뒤 그 말이 한 필의 준마를 데리고 와서 노인이 좋아하였다. 그런데 아들이 그 말을 타고 놀다가 떨어져서 절름발이가 되자 다시 낙담했지만, 나라에 전쟁이 나자 절름발이 아들이 전쟁에 나가지 않아 목숨을 구하게 되어 노인이 기뻐하였다는 고사에서 온 말이다. 모든 일은 다 그 나름의 이유가 있는 것이다.

흥하는 인연, 망하는 인연

운의 인연에는 여러 가지 형태가 있다. 운이 하락할 때는 외부 인연이 망하게 만드는 코드로 들어오고, 운이 상승할 때는 외부 인연이 흥하게 만드는 코드로 들어온다. 그래도 다행인 것은 하늘은 공평하다는 것이다. 운이 하락할 때는 수호하는 보호신장(수호령)을 보내주고, 운이 상승해서 다음 단계로 넘어갈 때는 테스트하는 사자(使者)를 보낸다.

운이 하락하는 사람은 절대 도와주면 안 된다. 이미 블랙홀이 형성되었기 때문에 도와주는 이도 함께 말려 들어간다. 물론 도와주는 이 자신도 운이 하락에 들어선 사람이 도와주는 것이겠지만, 큰 기운의 블랙홀은 주변의 에너지를 모두 흡수해버린다.

사람을 도와주려거든, 운이 하락하여 기운이 다 빠지고 소진되어서 마지막 내면 공부까지 마치고 난 뒤에, 완전히 바닥을 치고 다시 일어서려 할 때에 도와줘야 한다. 그때 도와주면 공덕을 쌓는 것이고 그 공덕은 배로 잘돼서 되돌아온다. 그러나 운이 하락할 무렵, 여기저기 사건이 터지면서 재물이 나가기 시작하는 사람을 도와주면 도와주지 않은 것만 못하게 되어 있다. 왜냐하면 그 사람은 아직 바닥이 아니라서 앞으로 더 많은 시련이 기다리는데, 오히려 도와주었다가 욕만 얻어먹는 상황에 처하게 되기 때문이다. 차라리 욕을 먹더라도 그 사람이 완전히 바닥을 칠 때까지 기다려야 한다. 그 사람은 거기에서 깨달아야 하는 공부가 남아 있는 사람이기 때문이다.

도와줌에도 때가 있는 법이다. 옛 속담에 '물에 빠진 사람 건져내니 보따리 내놓으라'라는 속담이 있다. 이 말은 위의 상황을 이야기하는 것이다.

운이 하락하면서 여기저기 사건이 터지고 재물이 빠져나가기 시작하면 몸을 사려야지, 일을 더 벌이면 안 된다. 이미 블랙홀이 형성되었다면 그 블랙홀을 최소화하도록 일을 줄이고 몸을 돌보면서 자신을 돌아봐야 한다. 괜히 주변까지 확장시키면 블랙홀로 주변을 파괴시키고 두고두고 욕먹는다.

망하는 흐름에 들어서면 망하게 만드는 인연이 들어오고, 흥하는 흐름에 들어서면 흥하게 만드는 인연이 들어오게 되어 있다. 그래서 사람은 사람을 잘 사귀어야 한다. 나를 상극하는 사람인지 나를 상생시키는 사람인지를 볼 줄 아는 눈이 필요하다.

에너지가 큰 사람은 엔진이 크기 때문에 구동하는 데 많은 에너지와 많은 시간이 소요되고, 에너지가 작은 사람은 금방 무너져도 금방 일어설 수 있다. 둘 모두 장단점이 있다. 에너지가 큰 사람이 일어나면 크게 흥할 수 있으나, 한번 무너지면 회복되는 것이 힘들다. 그래서 에너지가 큰 사람일수록 신중하게 생각하고 판단해야 한다.

큰 에너지와 작은 에너지가 만나려면 큰 에너지가 바닥을 쳤을 때 만남이 이루어진다. 그렇게 큰 기운과 작은 기운이 섞이고 영향을 주고받는 것이다.

운이 안 좋을 땐 선택하지 말라

'운이 안 좋을 땐 선택하지 말라!'라는 말이 있다. 이 말은 자신의 에너지 준위가 현저히 떨어져 힘을 발휘하기 힘든 상태, 즉 안 좋은 에너지 상태에서는 자신과 비슷한 파장을 끌어당기기 때문에 선택을 하지 말라고 하는 조언이다.

유유상종의 법칙처럼 사람은 자신과 비슷한 파동의 에너지 준위를 형성하고 그 레벨에서 선택을 하고 체험을 한다. 예를 들어 실연을 당한 여자는 우울한 여행을 갔다가 실연을 당한 남자나 우울한 파동의 남자를 만나게 된다. 이것이 에너지 법칙이다. 우울한 사람끼리 만나 운이 안 좋은 때를 함께 넘기고 나서 둘 다 의식 레벨이 함께 상승했다면 함께 새로운 에너지 준위로 들어가는데, 한 사람은 상승하고 한 사람은 그대로라면 그 인연은 헤어지게 되어 있다.

 자신이 처한 상황에서 에너지 돌파를 하기 위해 새로운 것을 찾고 새로운 인연을 만나는 것이다. 우주선이 지구 대기권 밖으로 나가려면 엄청난 에너지가 필요하듯, 현재 자신의 에너지 막을 뚫으려면 엄청난 에너지가 소모되는 것이다.

 변화는 외부의 에너지에 의해 이루어진다. 아무리 내부에서 지지리 볶고 싸워도 여전히 그 자리이기 때문에, 사람은 자신도 모르게 무의식적으로 바깥에서 무언가를 찾으려고 돌아다니게 된다.
 하는 일마다 다 막힌다면 이제 운의 하락지점에 들어섰다는 이야기이므로 싸돌아다니지 말고 내면 공부를 하라는 말이다. 새롭게 뭐라도 하자는 마음이 생긴다면 운이 바닥을 지나 에너지 막을 돌파하려는 움직임이다.

 들어오는 문이 있으면 나가는 문도 있어야 하는 것이 이치이다. 자신이 쌓아놓은 에너지는 돌려내야 새로운 에너지가 들어오고, 쥐고 있던 것을 놓아야 다른 것을 쥘 수가 있다. 헤어졌다고 낙담하지 말고 새로운 인연을 받아들일 준비를 하면 된다.
 현재 안 풀리는 일이 있다면 자신의 습성이나 기질을 바꿔보는 것도 좋다. 게으르다면 부지런을 떨어보고, 일중독이라면 아무것도 하지 말아보고, 밤에 활동하는 인간이라면 아침에 일찍 일어나 활동하는 식으로 생활패턴을 바꿔보는 것이다. 무언가 새로운 변화를 준다는 건 에너지를 돌린다는 이야기이다.

그리고 운이 안 좋을 땐 거울을 자주 보는 것이 좋다. 자신의 얼굴이 어떻게 변했는지 자신의 관상이 어떻게 바뀌었는지 확인하는 것이다. 얼굴은 자신의 운을 그대로 보여주는 지표이기 때문이다. 얼굴에는 고생의 세월이 고스란히 담기게 되어 있다. 운이 잘 풀리기 시작한다면 얼굴의 표정과 얼굴 빛깔이 좋아진다.

또 무언가를 선택할 때 마음이 불안한 가운데서 에너지적으로 코너에 몰린 채 선택할 바에는 차라리 선택의 시간을 미루는 것이 좋다. 마음이 불안한 상태에서 선택하는 일은 뒤탈이 많다. 따라서 선택은 마음의 안정을 찾은 뒤 선택해도 늦지 않다.

다음은 운이 하강하고 바닥 치고 상승할 때, 자가 진단법을 만들어 본 것이다.

- **운이 하강하기 시작할 때**

  1. 하는 일마다 안 풀리고 다 막히는 것 같다.
  2. 불안하고 걱정이 많아진다.
  3. 짜증이 많아지고 주변 사람들과 트러블이 발생한다.
  4. 사건 사고가 자꾸 발생한다.
  5. 신경 쓸 일들이 많아진다.
  6. 어디에라도 하소연하고 싶어진다.
  7. 사주팔자나 점이라도 봐야겠다고 생각한다.

8. 몸이 아프기 시작한다.

9. 이동수가 생긴다.(깨달음을 공부할 장소)

• 운이 바닥일 때

1. 이미 터질 일은 다 터졌다.
2. 돈도 없고 사람도 없고 아무것도 없다.
3. 그냥 체념하고 받아들인다.
4. 기력도 없고 힘도 없다.
5. 가진 것도 없고 아무것도 없으나, 마음은 점점 편안해진다.
6. 움직임도 없어진다.
7. 3년의 인생 밑바닥 공부 기간을 거친다.

• 운이 점점 상승하려는 조짐이 보일 때

1. 얼굴 관상이 달라진다.
2. 가진 것은 없으되 희망이 조금씩 생기는 것 같다.
3. 감옥에서 퇴소하거나 병원에서 퇴원한 듯 세상이 낯설기만 하다.
4. 예전의 자신이 아님을 느끼고 자신에게 많은 변화가 있었음을 깨닫는다.
5. 꿈의 패턴이 조금씩 달라지고 세상을 보는 관점이 달라져 있다.
6. 이동수가 생긴다. 에너지 준위를 바꿀 새로운 흐름에 맞는 장소로 이동한다.

상승운

누구나 운(運)을 탄다. 사람도 운을 타고 국가도 운을 탄다. 모든 생명체는 확장하고 소멸하는 흐름을 가진다. 그런데 누군가 운(運)을 타기 직전의 상태이거나, 운(運)을 타는 상태인 것을 일반인이 확인할 수 있을까?

확인할 수 있다. 관상, 얼굴 빛깔, 기운, 그 주변의 사람들과 에너지를 통해 알 수 있다. 다만 사람마다 집중력과 통찰력의 차이에 따라, 보이거나 보이지 않을 뿐이다.

남북한 통틀어 한반도의 운(運)은 어떨까? 과연 가까운 미래의 한반도는 어떻게 될까? 한반도의 운도 일반 사람이 운을 타는 과정을 통해 간접적으로 확인할 수 있다. 다만 통찰력의 스케일이 더 크게 요구된다.

운의 대상을 살펴볼 때는 그 대상의 에너지 상태도 중요하지만 그 주변과 대상을 둘러싸고 있는 환경도 중요하다. 남북한을 포함한 한반도는 이미 대운(大運)에 진입했다. 이제 막 진입하였기에 가시적인 움직임이 안 보일 뿐이다.

사람은 자기 그릇 크기에 맞게 세상이 보이는 법이다. 작은 그릇은 시야가 좁고 큰 그릇은 시야의 스펙트럼이 넓다. 누구나 운을 타고 누구에게나 운 중에서도 가장 큰 대운(大運)이 오게 되어 있다. 단지 운의 크기가 사람마다 다를 뿐이다. 운(運)이 오기 직전에 운은 사람에게 여러 가지 시그널로 알려준다. 여러 가지의 징조를 통해 이것을 캐치하고 안 하고는 본인 몫이기도 하다. 또한 운이란 것은 전생과도 긴밀히 연결되어 있다. 전생에 자신이 했던 모든 행위의 결과가 인연과 운을 통해 드러나기도 한다.

그런데 운을 타려면 준비가 되어 있어야 한다. 운을 타기 위한 준비란 운이 오기 직전까지 있었던 삶에 대한 결과들의 명확한 깨달음을 의미한다.

운이란 우리 인생의 단계마다 다음 단계로 넘어갈 수 있게 만들어주는 추진력과도 같은 것이다. 그래서 노력과 운이 만나면 인생 자체가 업그레이드되기도 한다. 그렇다면 우리 한반도와 한반도의 사람들은 업그레이드될 수 있을까? 그렇다. 운을 타면 업그레이드 될 수 있다.

유럽의 백인들이 신세계를 발견한 뒤 아메리카 합중국을 만들었고, 일본이 메이지 유신을 단행한 뒤 완전한 운의 상승을 이루었으며, 중국은 시장을 개방하고 나서부터 운이 상승하였다. 지구 패권이 어디로 움직이느냐에 따라 대운이 결정된다. 이처럼 지구사적으로 보나, 개개인으로 보나 운명의 향방이 갈리는 운의 흐름은 존재한다.

'인생에 세 번의 기회는 온다.'라는 말이 있다. 이 말은 본인 인생의 향방을 바꿀 수 있는 기회가 세 번 찾아온다고 볼 수 있다. 한반도 역시 기회가 도래하기 시작하였는데 북한과 남한이 어떻게 운을 잡을 것인지는 우리 모두의 몫이다.

 운이 오기 전에는 반드시 칠흑 같은 어둠이 오기 마련이다. 그 어둠이 십 년을 갈 수도 있고 더 길게 갈 수도 있으며 짧게 갈 수도 있다. 우리 인생에 존재하는 내리막의 어둠은 깨달음의 장치이다.
 어떤 어려움이 닥쳐서 자신을 원망하고, 부모를 원망하고, 주변을 원망하고, 배우자를 원망할 때가 내리막의 어둠이라고 생각하면 된다. 그러나 어둠 뒤에 오는 동틀 녘의 새벽은 다시 오고 빛은 운(運)을 통해 어느샌가 다가온다.

 인생에 잘나가는 확장이 있으면 내리막을 걷는 소멸이 있게 마련이다. 따라서 리듬을 타고 오르내리는 각자의 인생 속에서 자신을 들여다보는 것이 얼마나 중요한 일인가를 알아야 한다.

전생과 인연

전생과 인연의 세팅

모든 인간사는 카르마와 인연법이 엮여 만들어낸 작품이다. 사람은 태어나서 몇몇의 중요한 인연을 만난다. 처음 태어나서 만나는 인연은 부모와 형제의 연이다. 부모, 형제, 자식의 인연만큼 가장 큰 인연은 없으며 부모, 형제, 자식은 카르마 연결 고리의 핵심 인연이기도 하다. 그다음 인연이 배우자의 연이다.

배우자의 연은 외부로부터 들어오는 가장 가까운 연이기도 하다. 부모, 형제, 자식, 배우자는 카르마를 형성하는 주요 인연들이다. 이러한 인연이 자신의 발목만 잡지 않아도 좋으련만 하나씩은 꼭 걸리는 것이 위의 인연들이다. 서로 도움을 주고받지만 서로 힘들게 하는 것도 위의 인연들이다. 그리고 가족 외에 형성되는 친구나 직장 동료와 같은 사상과 이념으로 연결된 인연 등 살면서 중요한 몇몇의 다양한 인연들을 거치게 된다.

이러한 인연들은 어떻게 세팅이 될까? 인연의 세팅은 전생의 인과에 의해 결정된다. 즉 태어날 때부터 중요한 몇몇의 인연은 만나도록 세팅이 되어 있다는 이야기이다. 부모, 자식으로 형성된 인연은 둘 간의 카르마적 빚이 가장 큰 인연으로 세팅이 되고 이를 1차적 인연이라 한다면 배우자나 친구 등의 인연은 2차적 인연에 해당된다. 빚이 많은 관계가 가장 가깝게 형성이 되는 것이다. 가까이서 서로 배우며 상생하라는 의미이다. 즉 가장 큰 스승이기도 하다.

여기에서 가족 간 카르마 농도의 차이를 살펴보면 부모 카르마와 가장 밀접한 사람은 첫째이다. 밑으로 내려갈수록 빚 고리가 약해지며 막내의 경우 카르마적 빚 고리가 가장 약하다. 그 외에 살면서 자신에게 영향력을 끼친 사람이 몇 명이 있는지 살펴보는 것도 중요하다. 악연이든 선연이든 자신의 성장 발전에 도움이 되었다면 중요한 인연 중 하나이다.

가족의 경우에는 전생에 여러 번 중요한 인연으로 태어났던 적이 많은 반면에, 직장의 경우 전생의 특정 시대, 특정 사건에 연루된 사람들이 한 직장에 머무는 경우가 많다. 전생코드를 찾을 때 인연은 매우 중요하다. 왜냐하면 상대 인연은 나를 비추어 볼 수 있는 가장 좋은 도구이기 때문이다.

전생의 사건은 현생에 다시 반복된다. 전생에 풀지 못한 사건들은 현생에 다시 세팅되어 깨달음을 얻을 때까지 계속 반복되는 것이다.

이러한 이유 때문에 비슷한 유형의 인물을 만나서 비슷한 상황이 펼쳐지는 것이다. 이러한 상황이 펼쳐지는 이유는 내가 만들어 놓은 환경에 그러한 성향의 사람이 꼭 걸리기 때문이다.

전생의 인연을 현생에서 다시 마주치기 때문에 우연한 만남이란 없으며, 전생의 인과(因課)에 의한 필연적 만남이 이루어지고 있는 것이다.

지금의 시대는 시간 속도가 빨라졌다. 여러 생을 통틀어 '만났다, 헤어졌다'를 특히나 빠르게 반복하며 해원을 하고 있는 시대이기 때문에, 사건·사고도 많고 만나는 사람도 많은 것이다.

지금의 시대에 이혼이 많은 이유도 여러 생이 반복되어야 하기 때문이다. 빠른 만남과 이별을 통해서 줄 것은 주고, 받을 것은 받으며 카르마를 종결시키기 위함이기도 하다.

전생과 별빛 네트워크

나에게 다가오는 인연은 나를 비추어 주는 거울이다. 우리는 상대를 통해서 자기 내면의 모습을 비추어 본다. 내가 볼 수 없는 나의 모습은 상대의 모습 속에서 발견하게 되는 것이다.

> 나를 알려면 나의 주변을 살펴보라!
> 나와 인연을 맺고 있는 그들의 모습을 보라!
> 그들을 통해서 나의 상태를 읽을 수 있다

내 주변 사람들은 나와 깊고 깊은 전생의 연으로 맺어진 인연이다. 지금의 시기는 카르마 빚 고리 청산의 시기라서, 만남과 이별의 속도가 과거에 비해 빨라졌다. 그리고 이혼하는 가정도 많이 늘었고 해체되는 가정도 많아졌는데, 지금의 시기는 분화의 시대에서 통합의 시대로 넘어가는 시기이다.

개인화가 점점 빨라지고 있다. 개인화가 모두 이뤄지고 나면 다시 통합의 시간이 다가온다. 개인화가 이루어진다는 것은 카르마적 연결 고리가 끊긴다는 것이다. 전체 흐름으로 보았을 때 개인화가 꼭 나쁜 것만은 아니다. 개인화는 집단과 그룹을 해체·분해하여 개별화를 시켜놓은 뒤, 다시 통합하기 위한 대자연의 진행 과정이다. 개별화가 이루어지면 개개인은 비슷한 에너지와 다시 합치게 되어 있다.

헤어지거나 이혼을 한다고 해서 너무 두려워할 필요는 없다. 만나야 할 사람이 만나서 서로 카르마적 빚 청산이 끝나고 나면, 헤어지거나 새로운 관계성이 다시 확립이 될 뿐이다.

얽히고설킨 카르마의 고리를 모두 잘라내고 난 뒤 새롭게 세팅하기 위한 과정이므로, 자기 주변에 자신을 얽매는 것이 있다면 바르게 관계성을 설정한 후 자신의 인연을 다시 세팅할 필요가 있다. 내 주변이 모두 해체되어 빚 고리가 풀어지고 나면 새로운 인연이 들어오게 된다. 그 시점은 내가 갖추어졌을 때이다.

나의 에너지 기운이 상승하면 그에 걸맞은 높은 에너지 준위의 인연이 들어오기 때문에 과거의 인연을 굳이 당길 필요는 없다. 과거의 인연을 만난다는 것은 풀지 못한 고리가 있기 때문에 다시 만나는 것이다.

우리 인간은 후퇴가 아니라 진화·발전해야 한다. 과거에 묶이면 에너지는 퇴보된다. 새로운 인연으로 다시 세팅하여 각자 별빛 네트워크를 만들어 가야 한다. '태라의 별빛 네트워크'는 새로운 인연의 넷망이다. 과거 카르마 빚으로 엮인 관계가 아니라 서로를 상생시켜 주고 서로가 서로를 빛내주는 관계성의 별빛 네트워크다.

제 전생을 알고 싶습니다

전생을 파악하는 것은 그 사람의 행동과 습을 알면 파악이 가능하다. 만나서 2시간 정도 대화를 하다 보면 어느 정도 파악을 할 수는 있다. 전생을 아는 방법 중 최면치료를 통해 전생 체험을 하는 사람도 있는데, 그것도 전생을 알아가는 하나의 방편 중 하나이다. 그러나 가장 정확한 것은 그 사람의 인생 스토리와 부모의 인생 스토리를 아는 것이다. 그것을 알면 대략 그 사람의 전생이 파악된다.

지금 현재의 모습은 현생 환경의 영향을 가장 많이 받지만, 전생의 습이 연결된 결과이기도 하다. 전생을 아는 데 있어서 가장 중요한 단서는 부모이다. 부모의 인생 스토리와 현재 본인이 가지고 있는 직업에서 전생을 유추할 수가 있다. 대화를 하다 보면 상대가 격렬하게 반응하는 부분이나 방어막을 치는 부분이 있는데, 자신이 피하고 싶은 상황 속에 전생의 코드가 들어 있기도 하다.
태어나서 부모에 의해 길들여진 습은 자신의 습을 만들고, 그 습이 자기 인생의 지도를 그려나간다. 따라서 부모를 알면 본인이 보인다.

연예인의 경우, 연예인이 맡는 드라마 코드를 보면 전생을 알 수가 있다. 연예인들이 자신에게 꼭 맞는 옷의 배역을 맡을 경우 배우는 거의 빙의되다시피 연기를 하기 때문이다. 개개인은 비슷한 역할만 맡게 된다. 다른 역할을 맡는다 해도 역시 비슷하게 흘러간다.

전생에 실크로드로 짐을 운반했던 사람은 현생에 와서는 무역업이나 파일럿을 하고, 전생에 남을 가르쳤던 사람이 현생에도 남을 가르치게 되고, 전생에 왕이었던 사람이 현생에 태어나면 왕이 아니더라도 왕의 자태와 왕의 마인드는 가지고 태어난다. 전생에 대감이나 마님이었던 사람은 현생에서도 사람을 부리려 하고, 전생에 천출이었던 사람은 고가의 옷을 입어도 천출 티가 난다. 사람의 행동에는 전생의 습이 담겨 있다. 나의 습관과 행동 그리고 기호에 모든 정보가 담겨 있다.

현재 20~30대들은 1850~1950년 사이에 태어났던 인물들이 많다. 사람에 따라서 환생의 주기가 각각 다른데, 대략 100년의 시간으로 로테이션 되고 있다고 보면 된다.

사실 한반도에서 육체의 몸을 입는 것이 쉬운 일은 아니다. 조상대에 연결된 연줄이 있기 때문에 한반도로 들어올 수 있는 것이다. 또한 한 개의 전생만 가지고 있는 것이 아니라 수천수만의 전생을 가지고 지구로 들어온다.

물론 다시 지구로 들어오기 위해서는 자손이 연결되어야 한다. 즉 연(緣)이 있어야 들어올 수 있기 때문이다. 생판 모르는 곳에 절대 태어나지 않는다. 만약 조선시대에 들어온 외국인이 한반도에서 죽었다면 한반도에 다시 태어날 가능성은 있다. 따라서 죽는 곳도 크게 영향을 미치는 법이다.

전생을 찾아가는 방법 중 두 번째는 직업이다. 부모가 첫 번째라면 직업은 두 번째 코드이다. 직업에는 자신의 습이 가장 잘 나타나 있는데, 특정 직업의 경우 전생의 습이 연결되어 현생에도 이어지고 있는 것이다. 현생에 의사나 약사인 경우에는 과거에도 사람을 치유하는 일을 했을 가능성이 크고, 현생에 연예인인 경우에도 과거에 이와 유사한 직업을 가졌을 가능성이 매우 크다.

자신이 타고난 습은 바꾼다고 해서 바꿔지는 것도 아니고 자신의 타고난 습대로 결정하고 선택하기 때문에 우리는 언제나 비슷한 상황에 처하게 된다. 따라서 자신이 지금 하고 있는 일을 보라! 그 속에 자신의 과거정보가 내포되어 있다.

모든 습(習)은 그냥 나오는 것이 아니라 축적되어 나오는 것이다. 유유상종은 같은 정보를 가진 이들이 서로 자력처럼 끌어들이는 것이다. 직업군의 경우 과거 특정 사건에 함께 연루된 이들이 함께 정보를 공유하면서 인연의 네트워크를 형성하게 되는 것이다. 따라서 자신이 속한 그룹의 한 사람, 한 사람이 정보의 코드이며 자신이 과거에도 그 그룹과 연결되어 있었고 현생에도 연결 고리를 갖는 것이다.

예를 들어 조선 말기 동학운동을 했던 사람은 현생에서도 같은 그룹끼리 또다시 그룹을 형성하고 인연의 끈을 연결하게 되며, 그 안에서 또다시 역사를 반복하는 순환 고리를 갖게 되는 것이다.(동학운동 그룹군은 현생에서 노동투쟁 쪽에 다수 포진되어 있다.)

자신과 연결된 네트워크와 만나는 사람들을 살펴보라. 어떤 사람들인지, 어떤 레벨의 그룹인지, 대화 내용이 무엇이 되는지. 그 안에 자신의 코드가 있고 자신의 정보가 담겨 있다. 그 사람을 알려거든 그 친구들을 보라는 의미가 바로 이것이다.

인연과 인연

> 운명을 만드는 것은 사람이다.
> 인연과 인연이 만나는 건 큰 사건이다.
> 운명은 인연과 인연이 만들어가는 거대한 사건인 셈이다.

이성을 선택할 때

지금의 시대는 만남과 헤어짐이 자유로운 시대이다. 빚 고리 청산의 속도가 그만큼 빨라졌다는 것이다. 옛날에는 마음에 들지 않아도 꾹 참고 사는 세상이었다면, 지금의 시대는 맘에 들지 않으면 바로 헤어지는 시대이기도 하다.

사람과 헤어질 때, 특히 남녀가 헤어질 때, 좋은 헤어짐이란 없다. 여운을 남기는 헤어짐은 결코 좋은 헤어짐은 아니다. 끊으려면 확실하게 끊는 것이 좋다. 이 또한 시간이 지나면 잊는 것이고 스스로 자신을 갖추면서 성장하면 더 멋진 삶이 펼쳐질 것이다.

여자와 남자가 맺는 인연의 관계성 속에서 깨달아야 하는 것은 '어떤 남자를 만나는 것이 좋은가?'라는 분별력을 깨닫는 것이 중요하다. 이런 사람과는 이렇게 잘 맞고, 저런 사람과는 저렇게 안 맞고 등등. 사람과 사람이 만나서 서로의 거울을 비춰보면서 자신의 장단점을 깨달아가는 것이다. 이러한 과정 속에서 정신적, 내적으로 더욱 성장할 수 있는 과정을 거치는 것이다. 사람은 사람과의 관계성 속에서 배우고 깨닫는다. 상대방의 행동과 반응을 통해서 자신을 들여다보는 것이다.

결혼 상대자를 선택할 때 욕심이 들어간 선택은 반드시 그 대가를 치르게 된다. 결혼을 해서는 안 되는 사람과 객기를 부리면서 결혼을 한 결과, 상대방 집안의 빚을 고스란히 물려받은 여성이 있었다. 한마디로 정의하자면 스스로 자청해서 지옥으로 들어간 케이스이다. 물론 전생의 인과로 인해 자신의 깨달음에 꼭 맞는 인연을 찾아간 것이 맞다. 그러나 자신이 그 집안에 들어간 것은 그 집안의 문제를 해결하라고 들어간 것이다. 이때 칼자루는 본인에게 주어진 상태이다.

'어떻게 문제점을 해결해 나갈 것인가?'가 본인의 깨달음과 연결되어 있다. 헤어지거나 안 헤어지는 것 또한 본인의 선택에 달린 문제다. 헤어짐이 감정적이 되어버리면 사건 사고가 터지면서 헤어지게 된다. 최대한 이성적인 접근이 필요하다. 그리고 상황을 관찰하면서 정리를 해 들어가야 한다.

하나의 에너지 장에 들어가 있으면 자신의 잘잘못과 환경을 잘 이해하지 못한다. 숲의 모양은 숲을 나가야 비로소 전체의 모습을 볼 수 있는 것이다.

결혼이라는 것도 가족과는 전혀 다른 에너지를 가진 사람이 들어와야 그 집안의 문제점이 도출될 수 있기 때문에 외부에서 받아들이는 것이다. 비슷한 생각, 비슷한 생활 패턴을 이어가는 가족끼리는 자신들의 문제점과 모순이 보이지 않는다. 하지만 새로 들어온 며느리나 사위 눈에는 그 집안의 문제점이 바로 보이는 법이다.

만남과 헤어짐은 빚 청산 관계로 엮인다. 사랑과 이별이라는 로맨틱한 언어로 노래를 하지만 실상과 현실은 더 처절하다. 줄 것은 주고, 받을 것을 받고 나면 관계성의 빚 고리는 청산된다. 빚 고리가 청산되고 나면 새로운 관계성이 세팅되는데, 헤어지거나 더 좋은 상생의 인연으로 발전되거나 둘 중 하나다. 배우자를 선택할 때 절대 욕심으로 선택하지 마라. 그 대가는 반드시 치르게 된다. 배우자를 선택할 때 자신과 의식 수준이 비슷한, 말이 잘 통하는 사람과 만나야 잘산다.

그 사람을 만났더라면?

사람들은 지나간 인연을 아쉬워하기도 한다. '그때 그 사람을 만났다면 더 좋았을 걸?' 하면서 과거의 그 사람이 지금 내 앞에 있는 사람보다 조건이 더 좋아 보이고, 더 자상하고, 더 잘생겼던 것같이 느껴지는 데 대해 아쉬워하고 이루어지지 못했음에 안타까워한다.

과거의 인연과 현재의 인연을 비교하며, 현재의 불만족으로 인해 과거의 인연을 끌어당기면서 꿈속에 머물기도 한다. 현재의 인연과는 과거에 죽고 못 살았던 관계라도 시간이 흐르면서 점점 관계가 소원해지고 멀어지기도 한다.

만약 과거의 그 사람과 당신이 연결되었다면 지금 현재에는 어떤 사이가 되어 있을까? 바로 지긋지긋한 웬수 같은 사람이 되었을 수도 있다. 부모님들도 지금은 웬수같이 보여도 과거엔 죽고 못 사는, 사랑하는 사이였다는 점을 기억해야 한다.

지금 바로 옆의 남편이든 애인이든, 처음엔 모두 신선하고 설렜고 절실했다. 그러나 시간은 관계를 무뎌지게 만들고 익숙하게 만들면서 다시 가슴을 설레게 할 무언가를 찾으려 한다.

만약 지금 옆에 있는 사람이 아닌, 과거의 사람이 현재 당신의 옆에 있다면 당신은 또다시 과거의 누군가를 그리워했을 것이다. 문제는 지금 현재 불만족스러운 당신의 마음이 문제인 것이다.

모든 문제의 원인은 나로부터 출발한다. 지금 내 마음이 문제인 것이다. 내 살을 도려내듯, 지금 가슴이 찢어질 듯해도 시간은 감정을 점점 무뎌지게 만든다. 그리고 새로운 인연은 또 찾아온다. 과거의 인연을 그리워하지 말고, 지금 내 앞에 있는 사람에게 잘해라. 그 사람이 바로 당신에게 필요한 사람이다.

두 세계가 만날 때

서로 에너지 준위가 다른 두 세계가 만날 때 그만큼의 에너지 질량이 더 드는 것은, 자연의 원리로 보나 인간 세상으로 보나 비슷하다. 물론 남녀가 만나는 것도 마찬가지다. 남녀가 만나는 것은 서로 다른 두 세계가 만나는 것이다.

비슷한 에너지 준위의 만남은 쉽게 이루어지겠지만 에너지 준위가 극과 극을 달리는 두 세계의 만남은 그만큼 큰 에너지 질량이 필요하다. 여자라는 세계와 남자라는 세계가 만나 하나의 세계로 융합을 할 때는 용기가 필요한 법이다. 용기란 앞으로 나아가는 힘이며 추진하는 힘이다.

어떤 이는 용기를 내보기도 전에 주저앉는 사람이 있는가 하면, 어떤 이는 용기를 내어 자신이 얻고자 하는 것을 얻기도 한다. 사랑에는 용기가 필요하다. 일정 부분 나를 포기해 상대의 세계를 받아들여야 하기 때문이다.

새로운 에너지는 인연을 타고 들어온다. 변화는 외부의 에너지로부터 시작된다. 에너지 레벨 차가 나는 사람을 선택하기 위해서는 상당한 에너지 질량이 필요하다. 여기에는 대자연의 운용 방식이 들어가 있다. 큰 변화가 필요한 가문에는 에너지 레벨 차가 현저히 나는 인연이 들어오도록 세팅이 된다는 점이다. 높은 질량의 에너지가 낮은 질량의 에너지에게 질량을 나누어 주고, 낮은 질량의 에너지를 끌어올려 상승시키도록 유도한다. 이는 전체 평균 수준을 끌어올리기 위한 대자연의 포석이기도 하다. 인간의 감정은 인간의 생각대로 흘러가지 않으며 카르마 법칙대로 흘러간다.

자식은 부모를 복제한다. 부모의 삶을 복제하고 부모 인생을 닮는다. 아버지 대보다는 자식 대에서 좀 더 세련되게 발전해 나가는 것이다. 두 세계는 만나고 헤어지고를 반복하면서 경험이 쌓이고 경험은 좀 더 세련되고 완성도가 높은 세계를 만들어갈 수 있다.

급이 차이가 나는 인연이 만날 때

없는 사람이 있는 사람을 만날 때, 물질적으로 낮은 층에 위치한 사람이 물질적으로 상위층에 위치한 사람을 만날 때는 언제일까? 물론 최상위층과 최하위층에 위치한 사람은 만나기가 힘들다. 서로 움직이는 패턴과 행동반경이 다르기 때문에 마주칠 리도 없겠지만 말이다.

급이 차이 나는 인연이 만날 때는 급이 높은 사람이 바닥으로 떨어졌을 때 만날 확률이 가장 높다. 사업에 망했거나 위기에 몰렸거나 드라마처럼 유배를 당했거나 등등. 물론 낮은 계층의 사람들은 어느 정도 치고 올라가려는 노력이 있을 때 가능하다. 위에서 내려오고 아래에서 올라갈 때 그 중간 지점에서 만나게 된다.

예를 들어 급이 높은 사람이 갑자기 사건 사고로 인해 교도소에 들어간다면 그 사람은 급이 낮은 사람들과 인연을 맺을 수밖에 없고, 급이 낮은 사람은 급이 높은 사람의 도움을 받을 수 있다. 이러한 경우는 역사 속에서 많이 찾아볼 수 있는 예이다. 도움을 받은 사람은 힘들고 어려울 때 받은 도움이기에 갚으려는 마음이 생길 것이고, 낮은 계급의 사람은 급이 있는 사람이 발판이 되어 위로 치고 올라갈 수 있는 것이다.

급이 높은 사람 중에 카르마가 센 사람의 경우에는 완전 바닥으로 떨어져서 바닥에서부터 다시 시작하는 경우가 있다. 에너지의 크기가 크기 때문에 바닥의 에너지부터 끌어 모아야 위로 올라갈 수 있는 것이다.

카르마가 거셀수록 인생은 더 드라마틱하고 몰입도가 높아지며 에너지도 많이 소모된다. 착한 사람이 착하게 살다 가는 빛의 양보다 못되게 살다가 개과천선해서 바뀐 삶을 사는 빛의 양이 더 큰 법이다. 왜냐하면 어둠의 크기가 클수록 어둠이 빠진 만큼의 자리에 담을 수 있는 빛의 양이 더 많아지기 때문이다.

인연과 사랑의 에너지

변화와 개과천선

사람이 변하려면 스스로는 백번 고치려 해도 잘 안 된다. 인연이 들어와 고립된 에너지에 변성을 가할 때 비로소 변할 수 있는 것이다. 사람이 변할 때는 몇 가지 때가 있는데 그중에서 두 가지를 말하자면, 첫째는 죽을 때이고, 둘째는 사랑할 때이다.

사랑은 변성의 힘이 강하다. 사랑의 에너지가 돌면 사람이 변하기 시작한다. 사랑을 할 때, 사람은 마음을 열게 되고, 마음을 열게 되면 상대의 이야기를 듣게 되고, 또 자신을 고치려 노력하게 된다. 원래 타고난 자신의 기본 성향은 잘 바뀌지 않지만, 사랑을 하게 되면 조금이라도 바꾸려 노력을 하게 된다. 또한 카르마가 사람을 개과천선하게 만들기도 한다. 삶의 고됨을 겪으면서 고집을 내려놓게 되고 고집이 꺾일 때 사람이 변하게 된다.

죽을 때가 되면 사람이 변한다는 말이 있다. 죽음의 문턱에 다다르면 물질적인 것들이 모두 허망하게 느껴지고 애써 집착하던 것들이 죽음 앞에 모두 무의미해지기 때문에, 그동안 지키려 했던 집착과 고집을 모두 내려놓게 된다.

사랑은 사람을 바뀌게 만든다

사랑이라는 에너지는 사람을 바뀌게 만든다. 즉 상대의 이야기를 흡수하고 상대의 말을 듣는다는 이야기이다. 아무리 부모가 가르치고 바꾸려 해도 바꿀 수 없는 것들이 사랑하는 사람 때문에 바뀌기도 한다. 사랑은 사람을 변화시키고 새롭게 재탄생시키는 에너지이다. 사랑을 한다는 것은 마음의 문을 열어 상대를 허용한다는 뜻이다. 마음의 문을 열고 상대를 나의 에너지 권에 초대하면서 서로의 에너지가 합해지는 것이며, 사랑이라는 에너지는 용기와 힘을 형성한다. 그래서 사랑하는 사람이 있으면 삶에 활력이 돋고 인생에 의미가 부여되며 살아가는 낙이 생기는 것이다.

사랑이라는 에너지는 사람을 생(生)하는 에너지이다. 상대를 위해 나를 희생하는 숭고한 에너지가 바로 사랑이다. 사랑은 이타적인 마음이다. 상대를 이롭게 하고 상대를 잘되게 해주며 상대가 행복했으면 하는 마음과 더불어 나를 희생하더라도 상대를 보호하고 지켜주고 싶은 마음, 그것이 바로 사랑의 근원적인 이타적 마음이다. 그래서 사랑은 사람을 변화하게 만드는 커다란 마음이다.

첫사랑의 메커니즘

사람은 누구나 사랑의 체험을 한 번 정도는 경험한다. 사랑 중에서도 가장 아픈 사랑이 바로 첫사랑이다. 사랑이란 처음엔 호기심으로, 호기심이 관심으로, 관심이 설렘으로 바뀌면서 점차 마음의 문을 열게 만드는 감정이다.

마음이 열리면 서로의 에너지 끈이 연결되는데, 남녀는 서로 그 끈을 잡고 밀고 당기면서 감정을 경험한다. 때로는 끌어당기기도 하고 때로는 밀어내기도 하며 그렇게 서로가 서로를 알아가는 것이다.

마음이 열리면 몸이 열린다. 몸이 열리는 순간부터 성 에너지가 돌기 시작하는 것이다. 마음이 열리지 않으면 몸이 열리지 않는다. 마음이 통하고 몸이 통하면 서로 하나라는 에너지 권에 묶이게 된다. 처음엔 사랑이라는 감정이 상대를 무조건적으로 허용하게 만들고 받아들이지만 시간이 흐르면서 점차 자신만의 개성이 나오기 시작하면 점차 하나라는 에너지 막은 균열이 가기 시작한다. 합이 맞지 않으면 균열이 생기고 균열은 깨어질 위기에 처하게 되는 위태로운 상황을 만들게 된다. 이때가 가장 불안하다. 이것은 곧 하나의 세계가 깨어지는 시간이기 때문이다.

하나의 세계가 깨지는 것에는 아픔이 동반된다. 마치 가슴이 찢어지는 것처럼, 합해졌던 에너지를 떼어내기란 자신의 살점을 떼어내듯 아프게 다가오는 것이다.

　첫사랑은 언제나 아픔을 동반한다. 하나의 세계가 통합을 하는 과정도 힘들지만 해체되는 과정은 더 힘들다. 정을 떼어내는 것은 자신의 일부를 떼어내는 것처럼 아픈 것이다.

결혼과 인연

　결혼은 인간 의식의 통합 방식이다. 전혀 다른 기운 줄의 가문과 가문이 만나 하나로 통합하는 의식이고, 이 통합은 새로운 에너지를 창출한다. 각자 다른 1과 2가 만나 3이 탄생하듯, 전혀 다른 생활패턴 속에서 자란 남녀가 만나 소통하고 통합하여 제3의 에너지를 만들어내는 것이 바로 결혼이다. 결혼이라는 것은 인류 의식의 통합에 있어서 가장 근본이 되는 과정이다.
　만약 하나의 가문이 외부에서 사람을 받아들이지 않는다면 이 가문은 변화하지 못하며, 자신들의 문제점을 파악할 수가 없다. 가문의 혈통을 보존하기 위한 목적의 근친결혼은 종국에는 가문의 단절을 가져온다. 외부에서 사람이 들어와 한 가문에 편입이 되는 것이 바로 결혼이다. 외부에서 들어온 사람의 눈에 비친 가문의 모습 중에는 좋은 것과 안 좋은 것이 있을 테고, 이러한 가문의 모순이나 오류는 새로 들어오는 사람의 눈에 보이기 때문에 그 모순을 바로잡을 수 있는 것이다. 며느리가 들어와 그 가문의 병폐를 고쳐나갈 수 있듯, 새로운 기운이 더해지면서 새로운 가문의 법이 다시 재탄생되는 것이다. 따라서 결혼은 변화를 위한 인류 시스템인 것이다.

탄생과 결혼의 의미

탄생, 결혼, 죽음 이 세 가지는 우리네 인생사의 가장 큰 행사이다. 이 중에서 두 가지의 관문인 탄생, 죽음의 순간에는 차원 간의 문이 열리는 순간이다. 이 순간에는 이 세계의 사람과 저 세계의 사람이 겹쳐지는 순간이다. 결혼의 순간은 이 가문과 저 가문이 만나는 순간이다. 청실과 홍실이 연결되어 꼬이는 순간이기도 하다.

- 결혼

결혼이란 음과 양이 만나 서로의 에너지를 하나로 만들어 가는 것이다. 음은 양의 속성을 받아들이고 양은 음의 속성을 받아들이면서 완성에 이르고자 하는 지구적 장치가 바로 결혼이다.

내 안의 여성성과 남성성이 조화로울 때 온전해질 수 있으며, 양극을 이해할 수 있다. 음과 양이 서로의 속성을 받아들일 때는 일정부분 자신을 내어줌이 필요하다. 그래서 결국에는 부부가 서로를 닮아 가는 것이다.

하늘의 속성을 닮은 남자와 땅의 속성을 닮은 여자가 만나 인간이 태어난다. 부부가 소통하고 태어난 자식과 소통할 때 천지인(天地人)이 통하는 이치이다.

결혼 제도는 남과 여의 결합이기도 하지만 영과 영의 결합이기도 하다. 결혼을 통해 서로 다른 기운을 맞아들이고, 나와 다른 기운을 이해하고자 하는 행위이기도 하다. 즉 나와 다른 남과의 소통이다. 결혼을 통해서 서로 다른 영의 그룹과 영의 그룹이 만나 서로를 이해하고자 함이다. 그래서 결혼은 맞이하는 의식의 신성한 행위이다.

• 탄생

남자와 여자가 만나 하나가 될 때 통로가 열린다. 내어줌과 받아들임의 과정을 통해 새로운 씨앗이 잉태된다. 여성이 쌓아올린 순수성 안으로 남성을 받아들여 씨를 안착한다. 아이 영혼은 부모와의 연줄에 의해 부모를 선택한다. 남과 여의 조상 가운데 인연 줄을 타고 당겨져 오는 것이다.

물질의 잉태는 남성의 정자를 여성의 난자가 받고 여성의 자궁 안에서 자라나 세상 밖으로 나오듯, 영혼의 잉태는 태양의 빛을 받아 달을 통해 지구로 들어온다. 그래서 양은 태양이고 음은 달이다.

남성은 1, 여성은 2, 아이는 3의 숫자를 갖듯이, 태양은 1, 달은 2, 지구는 3의 숫자를 갖는다. 양은 내어줌이고 음은 받아들임이다.

아기 영혼은 잉태된 아기 주변에 머문다. 아기가 자랄수록 영혼은 아기 안으로 조금씩 스며든다.

청실홍실

인간이 태어나면 태어남을 알리고, 결혼을 하면 결혼했음을 알리고, 죽었으면 죽음을 알리는 것이다. 그래서 탄생과 결혼과 죽음은 인생의 중요 행사가 된다. 이승과 저승을 연결하고 가문과 가문을 연결하는 중요한 행사이기 때문이다.

우리나라의 탄생, 결혼, 죽음에는 관례가 있는데, 생과 사를 비롯한 결혼과 같이 큰 행사에는 보이지 않는 세계에 이를 알리는 의식이 있다. 즉 보이는 세계뿐만이 아니라 보이지 않는 세계에도 이를 알려야 뒤탈이 없다고 보았다.

태어나서는 집 앞에 금줄을 달고, 결혼할 때는 청실홍실을 엮고, 죽었을 때는 곡을 한다. 금줄은 외부 사람과 귀의 출입을 막는 신호요, 청실홍실 등을 집 앞에 다는 것은 음과 양이 연결되는 행사가 있는 집이라는 표식이요, 흰색 등을 달고 곡을 하는 것은 죽은 사람이 있다는 표식이다.

여기에서 청실홍실은 남성과 여성의 만남을 영계에 알리는 신호이다. 대부분 아이가 태어나면 여자아이는 붉은 계열을 남자아이는 푸른 계열을 준비하는데, 이는 음양의 보완이다. 원래 남자의 색은 빨간색이고 여자의 색은 파란색이다. 여성은 수렴이고 남성은 발산이며, 여성은 음이고 남성은 양이다. 빨간색은 빛의 발산이고 파란색은 빛의 흡수이다. 따라서 여자아기가 태어나면 빨간색을 입혀 음양조화를 맞추고, 남자아기가 태어나면 파란색을 입혀 음양조화를 맞추는 것이다.

  혼례 때 청실과 홍실을 잇는 것은 여성과 남성의 음양조화가 이루어짐을 뜻한다. 남성의 색인 홍실과 여성의 색인 청실이 하나로 엮였음을 영계에 알리는 것이다. 이것이 청실홍실의 텔리즈먼이다.

이 사람과 결혼해도 될까요? (가정환경)

"가정환경을 살펴라"

부모님이 결혼을 반대하는 이유에 대해 설문 조사를 한 것이 있었다. 미혼 남성의 1위는 '사주궁합이 맞지 않을 경우'이고, 미혼 여성의 1위는 '학력, 재력 등 집안 수준 차이'를 꼽았다.

사주보다 중요한 것은 상대방의 가정환경이다. 사람들은 부모의 영향을 강하게 받는다. 우리가 부모에게 물려받는 것은 물질적 유산뿐만이 아니라 정신적 유산까지 모두 물려받는다. 또한 카르마의 대물림까지 이어받는다. 카르마의 대물림은 그 가문의 풀지 못한 숙제라는 뜻이다.

결혼에 있어서 가장 먼저 살펴야 하는 것은 부모의 물질적 재산이 아니라 부모의 성향이다. 자신의 현재 문제점을 살펴보면 부모에게 이어받은 결과물일 경우가 많다.

부모가 과도하게 당기는 경우 문제가 항상 발생할 수 있기 때문에 결혼을 다시 한 번 생각해 보는 것이 좋다. 또한 부모들도 자식들이 잘 살 수 있도록 결혼을 하면 관심을 꺼주어야 한다.

부모가 과도하게 결혼에 관여하는 경우에는 헤어질 가능성이 매우 높다. 부모가 자식이 잘되길 바란다면 결혼 이후에는 관심을 꺼주는 것이 자식을 위하는 길이다. 또한 시댁이든 친정이든 어느 쪽도 과하게 당기면 그 부부는 헤어지게 된다. 어떻게 살든 부부끼리 지지고 볶고 살도록 부모는 그저 지켜보아야 하며 자식 인생에 관여하지 말아야 한다.

　사주궁합이 맞지 않는데 성격까지 트러블이 많다면 헤어지는 것이 맞다. 그런데 사주궁합이 맞지 않다고 하는데 상대에게 배울 점이 많거나 함께 있으면 잘 맞는 느낌이 들면 그대로 하는 것이 낫다.
　서로 이미 사랑하고 있는데 사주궁합이 맞지 않는다고 헤어지게 되면 두고두고 후회를 할 것이기 때문에 지금의 시기는 일단 맞추어 보는 것이 낫다. 만날 사람은 만나고 헤어질 사람은 헤어지게 되어 있다.

이 사람과 결혼해도 될까요? 2 (상대방의 근기)

"상대의 근기를 살펴라"

요즘 미혼 여성이 결혼을 할 때 재정 상태와 직업, 그리고 스펙을 보는데, 직업이나 스펙보다 중요한 것이 있다. 바로 '근기(根氣)'이다. 일찍 성공하면 꼭 내리막길을 걷는다. 20~30대 사업을 하여 부자가 된 사람은 중간에 한 번 망하거나 내리막길을 걷는 과정이 있다. 따라서 점진적으로 성장 가능성이 있는 사람을 찾는 것이 좋다. 또한 돈이라는 것이 있다가도 없고, 없다가도 생기는 에너지이기 때문에 돈이 없는 상태에서 과연 잘 헤쳐 나갈 근기가 있는지를 살펴보는 것도 중요하다.

그리고 요즘 직장인의 경우 퇴직 나이가 50대 정도로 빨라졌기 때문에, 50대 이후에도 무언가를 할 수 있는가 하는 그 사람의 재능을 살펴보라. 그 사람이 50대 이후에 존경을 받을 수 있을지까지 예측을 해보면 좋다. 즉 물질적 환경과 부모 재산 등을 모두 제외하고 그 사람의 바탕이 되는 근기를 살펴보는 것이 중요하다.

근기(根氣)란 그 사람이 세상을 헤쳐 나가는 내면의 힘이다.

- 조직의 힘이 빠져도 이 사람 개인의 힘이 있는가?
- 부모의 백그라운드를 빼도 이 사람 개인에게 힘이 있는가?
- 물질적 배경과 스펙을 뺀, 있는 그대로의 그 사람이 괜찮은가?

이것들을 살펴라.

우리 인생은 출발선이 모두 다르다. 어떤 사람은 일찍 출발하고, 어떤 사람은 누군가의 도움을 받아 좋은 자리에서 출발하고, 어떤 사람은 에너지를 충전하느라 아직 출발조차 못한 경우도 있다. 그러나 일찍 출발했다고 결승점에 먼저 도착하는 것도 아니고 좋은 자리에서 출발했다고 더 빨리 도착하는 것도 아니다. 천천히 가더라도 꾸준히 끈기 있게 끝까지 완주할 수 있는 사람을 찾아라.

이 사람과 결혼해도 될까요? 3 (상대방의 배울 점)

요즘 젊은 청춘 남녀들은 무엇보다 자신의 동반자를 찾는 것에 가장 관심이 많다. 우리 부모세대(60~70대)들은 결혼의 이유가 자손을 잇기 위한 목적이었다면 현재 젊은 세대들은 자손을 잇기 위한 목적이 아닌 서로를 빛내줄 수 있는 상대를 만나야 한다. 즉 도반을 만나는 세상이 될 것이다.

"상대방에게 존중하고 배울 점이 있는지 살펴라"

위의 말은 결혼뿐만이 아니라 인연을 만날 때도 해당되는 이야기이다. 내가 기운이 모자라고 힘이 없을 때는 나보다 기운이 좋고 힘이 있어서 나를 성장시켜 주는 사람을 만나야 하고, 내가 갖추어져서 힘이 있을 때는 이 힘을 바르게 나누어 주고 이끌어줘야 할 사람이 찾아오게 되는 것이다.

기운이 모자라는 사람은 기운이 충만한 사람을 찾게 마련이다. 이것은 곧 물이 높은 곳에서 낮은 곳으로 흐르는 원리이기도 하다. 사람은 자신이 배울 점이 있는 사람과 인연이 되어야 자신을 성장시킬 수 있고 갖출 수 있는 것이다.

배우자가 왜 배우자이겠는가? 배울 사람이 바로 '배우자'이다. 서로 '배우자' 해서 '배우자'라고 하는 것이다. 배우자를 찾을 때도 상대방으로부터 배우고 존경할 것이 있는지를 찾는 것이 중요하다. 이왕이면 나보다 30% 더 갖추어진 사람을 만나는 것이 좋다. (물질적이든, 정신적이든) 그런 사람만이 나를 성장시키고 이끌어줄 수 있기 때문이다. 그리고 사람과 사람이 만날 때는 서로 존중하는 마음이 필요하다.

기운이 낮은 자는 상대로부터 배울 것이 있기 때문에 존경하는 마음에서의 존중을 해야 하고, 기운이 높은 자는 상대를 이끌어주어야 하기 때문에 겸손의 마음에서의 존중을 해야 한다. 따라서 사람과 인연을 맺을 때 함부로 인연을 맺지 말고, 내가 이 사람에게 하나라도 배울 점이 있다면 인연을 맺어라.

인연은 매우 중요하다. 어떤 사람은 내 인생을 성장시켜 주고 어떤 사람은 내 인생을 힘들게 만들기도 한다. 결혼을 하고자 할 때는 반드시 명심하라. 내가 상대에게 배울 점이 있는가를 살펴라!

결혼의 조건

코드가 비슷하다는 이야기는 말이 잘 통한다는 이야기이다. 평생 살 사람이라면 일단 말이 통해야 한다. 평생을 함께 살아야 하는데도 요즘은 말이 안 통하는 부부들이 수두룩하다. 그리고 무늬만 부부가 얼마나 많은가! 그만큼 서로 간의 대화는 중요하다.

결혼의 조건이 무엇이라고 생각하는가? 요즘 여자들은 남자가 경제적 능력이 있어야 하고, 집도 어느 정도 살아야 하고, 학벌도 좋아야 하고, 외모도 좀 되어야 하고 등등 점점 눈이 높아지고 있다. 옛날과는 달리 여자들이 사회에 나오면서 물질적 레벨이 업 되었기 때문에 자신보다 더 좋은 학벌과 집안을 찾는 것도 있지만, 사회적 분위기가 그렇게 만들어 놓았다.

물질을 추종하는 사회적 분위기 속에서 사람을 고를 때도 물질적 요소를 중요시 여기는 사회가 되어버렸다. 그런데 과연 사람에게서 물질적 배경을 빼고 나면 뭐가 남을까? 그리고 요즘 남자들도 비슷하게 직업을 가지고 있는 여자를 선호하는 것 같다. 얼굴 예뻐야 하지, 몸매 되어야 하지, 직장 반듯하고 집안까지 잘살면 더 좋아한다.

그런데 과연 이것이 결혼의 조건이라고 보는가? 위에 물질적인 조건이 100% 만족된다 해도 말이 통하지 않으면 소용없다. 무늬만 부부가 될 확률이 크다.

결혼은 원래 서로 조금씩 양보하고 조금씩 희생해야 가정이 굴러가는 법이다. 다른 것 다 필요 없다. 일단 말이 통해야 하고, 같이 있어서 즐거우면 금상첨화다. 인생이란 것이 살다가 쫄딱 망할 수도 있고, 없다가 흥할 수도 있는 것인데 처음엔 상대방이 가진 것 보고 결혼한다 해도 자신의 운명 코드대로 흘러간다. 그래서 중요한 것이 말이 통하느냐이다. 말이 통한다는 것은 서로를 이해한다는 뜻이다.

불륜의 메커니즘

부부의 이혼 사유 중 가장 큰 비중을 차지하는 것은 돈과 불륜이다. 부부 사이에 새로운 인연이 들어오면서 가정이 깨지는 경우가 많은데 불륜이 발생하는 에너지 메커니즘을 살펴보면, 소통이 안 되는 부부가 서로 간의 막힌 부분을 외부의 사람을 통해서 에너지를 보충하는 것이다.

여자는 남편에게 얻을 수 없는 감정의 에너지를 제3자를 통해서 수혈하는 것이고, 남자는 아내에게 얻을 수 없는 감정의 에너지를 제3자를 통해서 수혈하는 것이다.

즉 감정이 충족되지 않기 때문에 외부로 눈을 돌리게 되는 것이다. 물은 막히면 다른 곳으로 흘러가듯, 부부간에 소통이 이루어지지 않으면 자연히 눈을 밖으로 돌리게 되어 있다.

바람을 피우는 이유는 성격 차이도 있겠지만 둘 간의 관계가 오랫

동안 고립되었기 때문이며, 외부에서 새로운 에너지가 들어오면서 변화의 바람을 일으키게 되는 원리이기도 하다. 물론 결혼 이후에 만나야 할 인연이 들어와서 바람을 피우는 경우도 많지만 바람의 원인은 부부간의 소통 부재에서 발생한다.

요즘의 시대는 해원의 시대이기 때문에 빠르게 결혼하고 빠르게 이혼하며, 만남과 헤어짐의 속도가 빨라졌다. 결혼이란 내 것을 내어주면서 서로 맞추어 나가는 과정이다. 서로 조금씩 양보하여 희생을 배워야 하는 것이 결혼이기도 하다.

결혼으로 얻는 것이 있다면 반드시 잃는 것도 존재한다. 서로 얻으려고만 하거나 자기 고집만 부리려 한다면 결혼은 오래가지 못한다. 그래서 결혼이란 서로 다른 남녀가 만나 서로를 비춰주면서 상대를 배울 수 있는 가장 큰 깨달음의 장치이다.

진보 남자와 보수 여자가 만날 때

사람과 사람이 만날 때 서로 말이 잘 통하면 그만큼 좋은 것은 없다. 여자와 남자가 서로 만나 이야기를 나눌 때 이야기 주제에 있어서 서로 상충이 나면 그때부터는 이야기 주제가 막혀버린다. 그래서 남녀가 만날 때는 서로의 사상과 이념이 매우 중요하다. 서로의 사상과 이념이 통하면 이야기 주제가 풍부하고 대화의 공통분모가 생기기 때문에 서로 잘 통하는 것처럼 느껴지기도 한다.

　과거 부모님 세대는 여성들에게 교육의 환경이 많이 주어지지 않았기 때문에 여성들이 남자의 이념과 사상에 따라가곤 하였는데, 지금의 시대는 남녀 구분할 것 없이 교육의 환경이 똑같이 주어졌고 여성들의 지위가 높아진 만큼 서로의 이념과 사상은 매우 중요한 논제가 되고 있다.

　문제는 서로의 이념과 사상이 전혀 다를 때이다. 진보 남자와 보수 여자가 만난다면 이 두 집안의 환경은 남자 쪽이 일정 부분 급이 떨어지게 되어 있다.

　가문이 좋은 부잣집에 진보가 나오지 않고 가난한 집안에 보수가 나오지 않듯, 대체적으로 비기득권의 사람들이 진보를 추구하고, 기득권의 사람은 보수를 따라가게 되어 있다.
　진보와 보수라는 이념은 현생에 자신이 처한 환경으로부터 기인을 하겠지만 근본적으로 따지고 들어가면 전생의 코드대로 진보와 보수로 나누어진다. 즉 전생에 기득권을 많이 했다면 보수의 성향을 띠고 전생에 비기득권이었던 사람은 진보의 성향을 띤다.

　이것은 다시 지역적으로 나뉜다. 하지만 지역적인 부분은 제외하고 진보와 보수라는 것은 결국 정치적 성향으로 분류한다. 자신이 피해자의 인생을 많이 살았다면 진보의 성향을 띨 수밖에 없다. 다시 진보 남자와 보수 여자 이야기로 돌아가서 보수 여자가 진보 남자를 만났다는 것은 보수 여자가 진보 남자에게 나누어줄 것이 있다는 것이다.

기운적으로 보면 보수 여자가 진보 남자보다 물질적인 환경이 더 나을 수밖에 없다. 진보 남자가 가난한 환경에서 홀어머니를 모시고 힘들게 공부한 경우, 보수 여자는 시어머니와 남편을 두고 에너지 쟁탈전이 시작되기도 한다.

그래서 보수 여자가 진보 남자를 만난다면 시댁 카르마가 따라오고, 자연히 시댁에 물질적·정신적으로 퍼줄 것이 많아지게 된다. 진보 남자와 보수 여자가 만나는 것은 보수 여자가 진보 남자의 가문을 물질적으로 업그레이드시켜 줘야 하는 역할이 주어지는 것이다. 이것은 마치 기독교 여자와 불교 남자가 만나는 것만큼이나 중요한 문제이기도 하다.

종교적 성향과 정치적 성향이 다르다는 것은 가문과 가문이 풀어야 할 전생의 업보가 있기 때문에 연이 되어 만나는 것이며, 서로 간 물질적, 정신적으로 나누어주어야 할 것들이 있기 때문이다.

만약 진보 남자와 보수 여자가 어쩔 수 없이 결혼하게 된다면, 일반적으로 정치적 성향이 덜한 쪽이 포기하고 사는 경우가 많다. 마치 종교성이 없는 사람이 종교성이 강한 사람을 맞춰주듯, 정치성이 없는 사람이 정치성을 맞춰주는 것이다. 진보가 보수는 될 수 있어도 보수는 진보가 되지 않는다.

보수가 진보가 되었다는 것은 에너지 급이 떨어졌다는 반증이다. 위로 에너지적인 급을 높이려면 진보에서 보수로 올라가는 것이 바람직하다. 따라서 보수 여자가 진보 남자를 만났다면 진보 남자를 물질적으로 업그레이드시켜서 보수로 만들면 된다. 진보 남자도 물질적으로 많이 갖게 되면 더 이상 진보를 할 수 없게 되어 있다. 이미 기득권이 되었기 때문이다. 진보에서 보수로 바꿀지언정 보수에서 진보로 바꾸었다는 것은 내 에너지 급이 떨어졌다는 뜻이다.

가문과 격

사람의 격(格)

 사람의 품성과 인격, 사물 따위에서 느껴지는 가치나 위엄을 우리는 품격(品格)이라 말한다. 상담을 하다 보면 여러 종류의 사람들을 만나게 되며 다양한 품격을 보여준다. 글에도, 말에도, 행동에도 그 사람의 품격이 들어 있는데, 품격은 대체로 말과 행동에서 고스란히 드러난다. 아무리 외모가 뛰어나다 해도 이 품격은 감출 수가 없다. 품격은 살아온 흔적이며 가정교육의 드러남이다.

 내가 가문이 훌륭하다고 할 때는 두 가지의 경우가 있다.

1. 윗대의 조상들이 학식과 예절이 있는 집안
2. 부모가 훌륭하고 현재도 잘 교육받은 가문

 어떤 사람은 현재 집안 사정도 어렵고 처한 환경이 어려운데도 불구하고 윗대 조상부터 내려오는 정신과 예의를 갖춘 사람이 있다. 이런 사람은 말과 행동에서 표가 난다. 이런 사람들은 은연중에 사람의 격이 높다는 것을 알 수 있다. 이런 사람들은 보이지 않게 남을 배려하고 정직하며 예를 아는 집안으로, 윗대로부터 이어져온 품격을 갖춘 것이며, 자연스럽게 갖추는 복록이기도 하다. 지금 나의 대에서 잘해야 후손이 잘된다는 말이 있다. 이는 후손의 인성 형성이 좋아진다는 뜻이다.

인성이 좋으면 어딜 가서도 대접을 받는다. 이 대접을 받는 것이 바로 품격이다. 자신의 가치와 위엄의 정도에 따라 남에게 대접받는 것이 달라진다. '3대 가는 부자 없다'라는 말이 있듯이, 모든 가문들이 대대손손 잘살 수만은 없고 또 못산다고 해서 영원히 못산다고도 할 수 없다. 조선왕조에서는 정치적으로 권세 있는 집안의 권력투쟁으로 100년 이상 간 케이스도 있지만 흥하면 반드시 망하게 되어 있고 역사는 돌고 돈다. 사람이 망할 때는 비참하게 바닥까지 내려가지만 상승할 때는 가문에 내재된 힘이 상승을 좌우하기도 한다.

인간의 DNA는 기억을 저장하고 있다. 운이 상승할 때는 보이지 않게 자신의 DNA 속에 저장된 조상의 장점과 기억을 당겨오게 된다. 그래서 나부터가 삶을 잘살아야 하고 분별 속에서 처신을 잘해야 내 자식을 비롯한 후대가 잘 풀리게 된다. 이런 과정 속에서 사람들은 그들이 속한 가문이나 환경에서 품격을 형성하고 이러한 품격은 살아가는데 보이지 않는 결정적인 역할을 한다. 너무 과도해서도 안 되겠지만 예와 격식은 그 가문을 지탱해 주는 보호막과 같다.

살면서 한 번씩 자신의 품격이 어떤 수준인지 살펴볼 필요도 있다. 주로 평범한 사람이 자신보다 훌륭한 배우자를 얻는 경우에는 보이지 않는 품격이 높을 가능성이 있다. 표면으로는 직장도 평범하고 학벌도 평범하지만 자신보다 나은 배우자를 얻는 사람의 경우, 그에 상응하는 품격을 갖춘 경우가 많다.

인성과 성품이 좋은 사람은 어딜 가서도 대접을 잘 받는다. 좋은 인성과 성품이 그 사람을 보호하는 보호막이 되어주기 때문이다. 그래서 사람의 격이 중요한 것이다.

가문의 격(格) 1

'가문이 훌륭하다' 함은 조부모와 부모, 그리고 자식들이 모나지 않고 무난하게 잘 자랐다는 것을 의미한다. 상식을 알고 개념이 있으며 예를 아는 가문, 그런 가문이 좋은 열매와 씨앗을 맺는다. 그런 가문의 후손들은 인격이 훌륭하다. 인격이 좋으니 덕은 당연히 따라오고 전반적으로 바르다는 인상을 주기 때문에 사회생활을 함에 있어서도 이점을 안고 출발한다.

좋은 가문의 사람들은 '배려'를 가지고 있다. 어딜 가도 남에게 피해주는 행동은 하지 않는다. 좋은 가문의 사람들에게는 흔히 말하는 '진상'이 없다. 이들은 흐름에 순응할 줄 알고 큰 분란이 일어나는 것을 원치 않는다. 상식 있고 예를 알고 남을 배려하는 마음을 가진 좋은 가문의 씨앗들은 대체적으로 관상들이 좋고 편안한 편이다.

화초나 분재도 좋은 토양에 주인을 잘 만나 정해진 시간마다 물을 주고 햇볕을 쬐게 하고 환풍을 잘 시켜주면 건강하게 잘 자라듯, 좋은 가문도 이와 유사하다. 부모가 상식을 갖추고 예를 알며 배려라는 좋은 마인드를 가지고 있으면 자식들이 잘 핀다. 이른바 환경이 좋으니 좋은 환경에서 자식들이 잘 자라는 것이며 이러한 유전자는 대물림된다.

요즘은 한국 사회가 박해져서 소위 '진상'들이 많아졌다. 품격이나 덕이 없이 돈만 많이 가지면 진상으로 흐를 가능성이 높은데, 진상들은 피해 의식이 아주 많은 편이다. 당연히 좋지 않은 환경에서 자랐으니 남보다 강한 피해 의식을 가지게 되고, 사회에 나와서도 그 습은 변하지 않고 말과 행동으로 고스란히 드러나게 된다. 사는 것은 중류층 이상이나 상식과 예가 없고 피해 의식이 허례허식으로 변질되어 진상을 부리는 가문들도 많다.

결혼을 할 때 이런 진상가문을 만나게 되면 그 결혼 생활은 불행해진다. 상식이 없으니 무례하게 대하고, 예를 모르니 비천한 행동을 반복하며, 피해의식까지 강하니 남들과 비교하여 분수도 모르는 허례허식을 찾게 된다. 내 자식만큼은 잘되길 바라는 마음이 있다면 상식과 예를 갖추고 배려하는 마음의 인격과 인품을 만들어야 한다. 이것만 갖춘다면 자식들은 사회에서 대접받고 그 후손은 절로 번창하게 된다.

　만약 결혼을 할 때 배우자의 가문이 상식과 예의가 없고 결혼 준비 과정에서 진상 짓을 한다면 그 결혼은 다시 고려해 보아야 한다. 결혼은 가문과 가문이 연결되는 새로운 결합이기 때문에 가문을 살펴봐야 한다. 가문 간에 격이 많이 차이 나면, 반드시 충돌이 벌어지고 격이 낮은 쪽은 격이 높은 쪽의 에너지를 빨아먹으면서 들어온다. 배우자를 알려면 배우자가 자란 환경을 반드시 살펴야 한다. 배우자가 자란 환경은 그 집안의 가문과 품격의 척도이기 때문이다. 사랑에 눈이 멀어 배우자만 보이고 배우자의 가문을 보지 않는다면 그 결혼생활의 앞길은 험난하다. 가장 좋은 결혼은 '유유상종'이다. 격이 비슷한 집안의 자식끼리 혼인을 하는 것이다.

가문의 격(格) 2

의식의 진화라는 것은 품격으로 드러난다. 사람의 의식이 진화, 발전하면 우아한 품위와 보이지 않는 권위가 나온다. 그 좋은 예가 지구에 다녀간 성인들이다. 의식이 고차원화되면 그 고차원의 모습은 보이지 않는 품격에서 찾을 수 있다.

사자 무리의 수사자나 호랑이 등 크고 신성한 짐승은 그 모습만 봐도 큰 아우라가 느껴지는데, 인간도 품격이 높으면 보이지 않는 아우라가 뿜어져 나온다. 그 아우라는 부드럽고 우아하며 사람을 따르게 만드는 힘을 가지고 있다. 이처럼 품격과 좋은 아우라를 가진 집안에서 태어난 사람은 부자든 가난하든 간에 얼굴의 때깔이 일반인과는 조금 다르다. 다른 말로 표현하면 씨앗이 좋다고 표현할 수 있다.

> 씨앗(자손들)이 좋은 가문은 미래가 밝다.
> 씨앗이 좋지 않은 가문은 미래가 어둡다.

부자들 중에 남에 대한 배려가 없고 진상 끼를 가진 부류들이 있는데, 이런 부류들은 전생에 천출 출신들이 많다. DNA 속에 예의 기억은 아주 미미하고 못 배우고 돈 없고 남에게 무시당한 체험들이 기억에 담겨 있기 때문에 무의식중에 피해 의식이 진상처럼 나오는 것이다.

일제 말기까지만 해도 노비가 있었고 조선왕조는 귀족을 제외하고 모조리 수탈당하는 계층이었지만 평민으로 살았더라도 마음 씀씀이와 정직함, 그리고 성실함을 가지고 있는 계층이 있었다. 자신이 전생에 어떤 계층으로 살았다는 것이 중요한 것이 아니라 어느 계층에 살았든 간에 어떤 마음으로 살았느냐가 중요하다.

　마음이 바르고 양심이 밝았다면 이번 생에도 그런 긍정적이면서 바른 생각이 인품과 인성에 그대로 영향을 미치고, 후손들이 일어서는 데 보이지 않는 작용을 일으키게 된다. 그러나 왜곡된 삶을 살았던 사람들은 이번 생에 부자가 되었어도 그 옛날 당한 무시를 무의식중에 기억하며 남을 무시하고 애써 자존심을 앞세우며 진상을 부리게 된다.

　부자가 가장 조심해야 할 것은 돈으로 사람을 무시하는 일이다. 혈통이 좋은 부자들은 돈지랄은 하되 돈으로 사람을 무시하지 않는다. 경제학적으로 부자는 돈을 많이 쓰면 쓸수록 돈이 확대 재생산되어 더 큰 부를 이루는 순환적 사이클을 가지고 있고, 중산층 이하의 계급은 돈을 많이 쓰면 쓸수록 빈곤해지는 사이클을 타게 된다. 따라서 부자가 돈을 많이 쓰는 것은 오히려 권장할 만하나, 없는 사람이 돈지랄을 하는 순간 빈곤을 맞이하게 된다. 부자가 돈을 쓰되 돈으로 사람을 무시하지 않는다면, 적어도 2대 이상은 부를 유지할 수 있다.

　남에 대한 배려가 없고 진상 끼를 가진 부자 집안은 그 품격이 매우 낮기 때문에 자신이 가진 부가 과연 자식 대에도 남아 있을지를 걱정해야 한다. 돈 많은 사람이 하이클래스에 진입하기 위해서는 마지막으로 정신의 품격을 갖추어야 하는데, 이것은 어려운 일이기도 하다. 이것은 집안과 가문 구성원들의 DNA가 바뀌는 일이기 때문에, 돈 있는 사람들은 우회적으로 학벌을 높이는 방법을 택한다. 연예인들이 자식을 조기 유학 보내는 것은 자식 대에서 클래스를 높이려 하는 것이다. 유학으로 좋은 학벌을 얻는 것이 그나마 계급을 높이는 좋은 방법이기 때문이다. 클래스라는 것은 당대와 2대째에서 이루어지는 것이 아니라 3대에 걸친 노력이 있어야만 조금이라도 빛을 볼 수 있다. 또한 그 사이에 2대, 3대에서 좋은 배우자를 얻어야만 그 배우자를 통해서 조금씩 가문의 클래스를 끌어올릴 수가 있는 것이다. 그러나 진상 끼가 있는 가문과 남을 배려하지 않고 무시하는 가문은, 클래스를 높이기는커녕 2대와 3대째에 가면 원수가 들어와 재산을 모두 말아먹는 경우가 많다. 부자가 되고 싶은 일반인들은 부자를 볼 때 살펴볼 것이 있는데, 그들의 외모뿐만이 아니라 그들의 마인드와 그들의 행동을 유심히 살펴볼 필요가 있다.

행동을 살펴보면 격식과 품격이 자연스럽게 나오는 부자가 있는가 하면 천박스러운 행동이 나오는 부자들이 있다. 집안이 잘살아도 그 행동이 천박하고 진상스러우면 일단 그 윗대의 조상이 천출 출신이라고 보면 된다. 천한 행동은 그냥 나오는 것이 아니다. 윗대 직계조상의 습이 그 자손들을 통해 자연스럽게 나오는 것이다. 지금 당장에 돈이 없더라도 씨앗이 좋은 가문의 사람은 당대가 아니더라도 반드시 빛을 보게 되어 있다. 그래서 옛 어른들이 가문을 찾는 것이다.

자식을 가진 사람들은 자식 교육과 더불어 예의범절만 잘 가르쳐도 아이들이 진상화되는 것은 막을 수 있고, 진상 짓만 안 해도 남들에게 적어도 욕은 안 먹고 살 수 있다. 돈 많은 부자 집안이라고 해도 남을 위한 배려가 없고 진상끼가 있다면 상것이나 다름없다.

분열과 융합의 메커니즘

핵융합을 통해서 바라본 남북한 관계

하나를 둘로 쪼개거나 다른 둘을 하나로 합칠 때에는 거대한 에너지가 발생된다. 핵분열은 하나를 둘로 쪼개는 방식이고 핵융합은 둘을 하나로 합치는 방식이다. 핵분열은 핵 가운데 가장 무거운 원자핵을 두개로 쪼개는 방식이고 핵융합은 핵 가운데 가장 가벼운 수소 원자핵을 결합시키는 방식이다. 핵분열은 주기율표의 마지막에 있는 우라늄이나 플루토늄을 사용하고, 핵융합은 주기율표의 첫 번째에 있는 수소나 헬륨을 사용한다. 주기율표는 양전하량의 수로 1번, 2번, 3번 이렇게 매겨지는데 양전하, 즉 핵을 둘러싸고 있는 막이 가장 적은 수소를 융합하기가 가장 쉽다.

우주 탄생부터 현재까지를 보았을 때, 지금은 U턴하는 시점이며 분열이 아닌 융합의 시대로 나아가고 있다.

분열과 융합은 모두 큰 에너지가 발생한다. 즉 물질로 보자면 떼어내는 것도 힘들고 붙이는 것도 힘들다. 그만큼 에너지가 필요하다는 얘기인데, 통합에 있어서는 막이 얇을수록 통합이 쉬워진다. 막이 얇다는 것은 그만큼 가볍다는 뜻이다.

저항이 적기 때문에 원자들이 쉽게 모일 수가 있다. 수소 원자핵도 처음의 저항은 만만치가 않다. 그러나 어느 정도 가까워지게 되면 반발력을 극복하고 서로 접근해 단거리 힘인 핵력에 의해 인력으로 결합하게 된다. 즉 처음의 저항을 뚫고 어느 정도 근접한 거리에 다가서게 되면 그다음부터는 순식간에 통합을 하게 되어 있다. 이 저항을 뚫는 방법으로 수소 원자핵의 경우에는 온도를 높여준다. 온도를 높여주게 되면 큰 운동이 생기면서 반발력을 극복하게 된다.

이처럼 주변 환경의 조성이 무엇보다도 중요하다. 주변 환경이 조성이 되고 임계치의 거리에 다가서면 반발하던 힘은 어느 순간 끌어당기는 힘으로 바뀌어 급속도로 가까워지기 시작한다.

인연과의 관계성도 이와 비슷하듯, 남과 북의 관계도 마치 남녀가 만나 결혼까지 이어지는 관계와 비슷하다.

분위기와 여건이 조성되면 통일은 급속도로 빠른 변화의 소용돌이에 들어서게 된다. 저항하는 힘에는 많은 시간이 소요되나 경계 막을 뚫고 그 중심부로 들어가기 시작하면 순식간이다.

현재 지금의 상황은 에너지 경계막이 거의 약해졌으며 마지막 저항의 시기이다. 온도가 올라가고 에너지가 더욱 빠르게 움직이기 시작하였다. 혼란할수록 에너지는 점점 가속화되어 갈 것이다.

핵에너지를 통해서 본 일본과 한국의 관계

일본은 방사능과 관련이 가장 많은 나라이다. 또한 원자폭탄을 맞은 유일한 나라가 일본이기도 하다. 2차 세계대전당시, 일본은 '히로시마'와 '나가사키' 두 군데에 원자폭탄을 맞고 난 뒤, 종전 선언을 하였다.

지금 우리가 누리고 있는 과학기술의 토대는 1,2차 세계대전을 거쳐 실험을 통해 연구 개발된 물질문명이다. 수많은 전쟁무기 중 핵폭탄과 같은 무기는 인간 문명을 위협하는 무서운 무기이지만, 잘만 돌려내면 인간문명에 이롭게 사용할 수 있는 에너지이다.

일본은 세계에서 방사능의 피해를 가장 크게 본 나라이다. 전쟁당시 원자폭탄을 맞고, 또 2011년 쓰나미에 의해 원자력발전소에 타격을 입으면서 다량의 방사능이 유출되었다.

여기에서 방사능은 소리 없는 무기처럼 보였다. 방사능에 피폭되면 혈액 내 혈구수가 줄어들고, 점점 세포가 손상되면서 염색체 손상까지 찾아온다. 염색체 변이는 후대까지 이어져 돌연변이를 일으킨다. 원소붕괴가 인간의 신체에 알게 모르게 영향을 미치는 보이지 않는 공격인 셈이다. 인간의 편리를 위해 만든 것들이 도리어 인간을 해(害)하는 것으로 돌아온 것이다.

이 방사능은 어떻게 나오는가?
원자폭탄은 '핵분열'과 '핵융합'이 있다. 핵분열은 원자량이 매우 큰 원소 우라늄과 플로토늄이 쪼개지면서 발생하는 에너지를 이용하는 것이고, 핵융합은 원자량이 가벼운 원소 수소나 헬륨의 핵을 융합하면서 얻는 에너지이다.

우라늄, 플로토늄 등 원자량이 매우 큰 원소들은 핵이 지나치게 무거워 불안정한 상태를 이루기 때문에, 핵이 안정감을 찾기 위해 스스로 붕괴하면서 나오는 입자나 전자기파를 통틀어 '방사능'이라고 한다.

우라늄이나 플로토늄 등을 방사성 동위원소라고 한다. 핵붕괴를 통해 양성자, 중성자, 전자 등을 버리면서 안정화되는 과정에서 강력한 열에너지와 전리 방사선을 발생시켜 이것이 인체 내에 해를 끼치는 것이다.

방사능 에너지란 인간이 내는 '화'와 비슷하다.

인간도 이와 비슷한 에너지장이 형성되는데, 여러 사념체들이 섞이고 얽혀 인체를 두르고 있는 에너지체가 무거워지면 스스로 자정작용에 의해 기운이 폭발하면서 사건·사고가 발생하는 것이다.

사건·사고가 발생하는 것을 다른 측면으로 보면 에너지의 물질화가 이루어진 것이다. 이렇게 푸닥거리를 하고 나면 떨어져 나갈 에너지는 떨어져 나가고, 정리될 것은 정리되면서 서서히 안정화가 되어가는 것이다.

일본이란 나라는 다른 어떤 나라보다도 기운을 감추고 누르고 안 드러낸다. 그러한 성향이 안으로 내파하는 속성을 가져온 것이다.

사무라이 정권인 일본의 지배세력은 검 같은 극 남성성을 띄고 있지만 일반 백성들은 강력한 질서로 눌러놓았다. 이것이 일본의 이중성이기도 한데, 친절함 속에 감추어진 비수 같은 것이다.

일본의 쓰나미로 일본 산업체들이 타격을 받았을 당시, 미국은 거대 메이저 회사들의 지부들을 한국으로 옮기는 것을 검토하였고, 실제로 방사능을 피해 한국지부로 몰려들었다. 즉 일본의 자금이 한국으로 들어온 측면이 컸다.

이런 상황을 볼 때, 일본이라는 나라가 깨지면 깨질수록 이익을 보는 나라는 남한이다. 일본은 언제 일어날지 모르는 지진과 쓰나미 때문에 어떻게든 대륙으로 들어오려고 애를 쓰면서 한국과 해저터널을 연결하고자 한다. 일본이 살 길은 미국이 아니라 한국을 붙잡아야 사는 형국이다.

일본이 깨지면 한국이 부활하게 되어있다.
나라의 운도 돌고 돈다.
세상에 영원한 것은 없기 때문에…

핵분열과 핵융합을 통해서 바라본 남녀 관계

핵분열과 핵융합을 통해 남녀 관계를 설명할 수 있다. 분열을 통해서 발생하는 에너지는 파괴인 반면에 융합을 통해서 발생하는 에너지는 창조이다.

남녀 관계로 설명하면 분열은 '헤어짐'이요, 융합은 '만남'이다. 남녀가 헤어질 때도 거대한 에너지가 방출되는데, 서로 미워하고 증오하는 파괴의 에너지가 나오게 된다. 즉 인간의 세포를 파괴시키는 스트레스를 유발할 수 있다.

창조-균형-파괴, 이 세 가지 요소는 물질우주에서 가장 중요한 요소이다. 이것은 인도의 신인 브라만-비쉬뉴-시바로 표현할 수 있다. 브라만은 창조의 신, 비쉬뉴는 균형의 신, 시바는 파괴의 신이다. 중간에 비쉬뉴는 유지의 신이자 균형의 신으로 창조와 파괴의 시간을 조절한다.

남녀의 만남에 균형과 조화가 이루어지면 새로운 창조 에너지가 돌게 된다. 남녀가 결혼을 하여 아기가 태어나는 것은 창조적 행위의 결과물이다. 남녀가 좋게 만날 때는 기쁨, 행복, 즐거움 등의 창조적 에너지가 발생한다. 하지만 남녀가 헤어질 때는 슬픔, 좌절, 분노 등의 파괴적 에너지가 발생한다. 남과 북이 갈라진 것은 분열의 결과이고 남과 북이 통일을 하는 것은 융합의 결과로 표출된다. 분열이든 융합이든 둘 다 거대한 에너지가 발생한다는 것은 동일하다. 분열은 파괴의 에너지가 발생하고 융합은 창조의 에너지가 발생한다.

이 한반도는 분열과 융합의 핵심 코드를 가지고 있는 땅이다. 이 땅에서 6·25전쟁이라는 분열의 과정이 있었고 앞으로는 통일이라는 융합의 시대로 걸어가게 된다. 융합의 저항도 만만치 않다. 저항의 마지노선을 넘어가면 그때부터는 일이 일사천리로 이루어진다.

통일의 과정까지 험난한 저항의 과정을 거치겠지만 저항의 막을 뚫고 나면 급속도로 통일이라는 에너지장의 태풍 속으로 들어가게 될 것이다. 이것은 마치 남녀가 만나 혼인을 하듯, 혼인을 통해서 영적인 변성의 과정을 거쳐 새로 재탄생되는 과정이며, 이러한 과정을 생생히 관람할 수 있는 곳이 이곳 한반도이다.

서양의 장미십자회에서 말하는 '신성한 결혼'이란, 이러한 융합의 힘을 설명한 것이고 지구적으로는 이 한반도에서 신성한 결혼이 이루어진다. 신성한 결혼은 새로운 에너지로의 재탄생이며 화이트홀을 통해 새로운 세상이 펼쳐지고 있음이다.

지금의 시기에 태어난 것을 감사해라! 몇만 년 시간 중에 지금의 시간은 인류 역사상 가장 중요한 변형의 과정을 거치게 될 터이니, 이 시대에 태어난 우리는 가장 뛰어난 DNA를 보유한 최고의 인류이다.

봄, 여름, 가을, 겨울 그리고 봄, 순환의 이치

태양이 뜨고 지고, 달이 뜨고 지고,
봄, 여름, 가을, 겨울 또 봄이 오고…

순환하는 질서 속에 탄생-성장-죽음-부활의 네 단계는 계절처럼 돌고 돌아 좀 더 성숙하고 완성되어가는 과정과 같이 지구의 질서도 돌고 돌며, 인간의 삶도 계절처럼 왔다가 가고, 또다시 봄이 찾아온다.

문명이 흥하면 반드시 쇠하고, 주는 만큼 되돌려 받고, 받은 만큼 되돌려주는 것이 지구의 이치인 만큼 지금의 시기는 U턴의 시기이며 복본의 시기이다.

물질문명은 지금 가을이라는 추수 중에 있으며 정신문명은 차가운 겨울 속에서 잠들어 있다. 물질문명에 겨울이 찾아와야 비로소 정신문명은 한발 앞서 봄소식을 전하며 봄을 맞이한다.

정신은 물질을 앞서간다. 에너지 차원에서 먼저 이루어지고 물질은 뒤에 따라온다.
이것은 마치 건축가가 설계도면을 먼저 그리고, 뒤이어 건물을 짓는 원리와 같다.

분열과 확장을 끝으로 수렴하고 내면으로 돌아가 내쉬었던 숨을 들이 마시듯, 나를 돌아보고 나의 관념이 완전히 죽어야 새롭게 부활을 할 수가 있다.

물질이 완전히 해체 되어야 새롭게 조립을 할 수 있고 새로운 그림을 그릴 수가 있는 것처럼…

과유불급 – 지나침은 못 미침과 같다

모든 것은 다 때라는 것이 있듯, 더 나아가야 할 때와 멈추어야 할 때가 있다. 에너지 균형을 맞춘다는 것은 정말 힘든 일이기도 하다. 무언가 부족할 때는 채우려고 열심히 노력을 하지만 에너지가 차서 넘쳐도 관성이라는 것이 있기 때문에 하던 일을 멈추지 못하고 계속 나아가게 된다. 이것은 마치 차가 브레이크를 잡아도 나가는 속도가 있기 때문에 어느 정도 더 나아가게 되는 것과 비슷하다. 부족한 듯해서 더 밟으면 정지선을 맞추지 못하고 넘어버리고 만다.

과유불급(過猶不及)이라는 한자성어가 있다. '지나침은 못 미침과 같다'라는 뜻인데, 이러한 상황은 우리의 일상생활에서도 많이 보아왔을 것이다.

멈추어야 할 때를 넘어서 과하게 나가면, 주었던 정의 마음은 칼날이 되어 돌아가게 된다. 뭐든 적당히 해야 하고 끊을 때 끊어줘야 한다. 더 나가면 이꼴저꼴 다 보게 된다. 멈추어야 할 때는 멈추어야 한다. 도를 넘으면 에너지는 칼이 되어 돌아온다.

남녀가 싸울 때도 어느 선을 넘으면 서로에게 상처를 입히면서 찢어질 위기에 처할 수 있으므로 적정선을 유지하면서 밀당을 하는 것이 필요하다.

정(情)으로 호소하는 시대는 지나갔다.

지금의 시대는 정으로 호소하는 시대가 아니라 이성적으로 판단하여 실리를 따지고 또 결과물을 보여주는 시대이다. 이치와 논리가 맞고 명분이 있다면 반드시 당신의 의견을 따르게 되어있다. 자신의 행동이 본(本)이 되는 시대이다.

사람들의 관심을 받으면 받은 만큼 본을 보여야 더 큰 에너지가 들어올 수 있고, 주변의 기운을 바꿀 수 있는 것이다. 깨달음은 먼 곳에 있지 않고 가까운 주변에 있으며 당신에게 보이는 사건사고가 모두 깨달음의 주제들이다.

변화는 나로부터 조금씩 시작되는 것이지 상대부터 시작되는 것이 아니다. 남을 바꾸려 하지 말고 너 자신을 바꾸라! 자신의 말과 행동이 주변 사람에게 본(本)이 된다면 주변사람들은 당신을 닮고 싶어 할 것이다.

KARMA

맺음말

　최초에 생긴 작은 모순과 오류는 시간이 흐르면서 한(恨)이라는 상처와 결핍의 에너지 홀을 만들어냈다. 지금의 시대는 결핍을 메꾸고 상처를 치유하는 시간이다. 몸에 난 상처도 시간이 흐르면서 아물고 재생이 되듯, 이 우주는 불완전을 완전으로 되돌리기 위한 균형의 움직임으로 흘러왔다. 지금의 시대는 한에 사로잡혀있는 시대가 아니라 상처를 치유하고 새 시대로 나가야 하는 해원의 시대다.

　한번쯤은 자신이 왜 여기에 있는지, 무얼 하려고 이렇게 발버둥을 치고 있는지, 왜 이렇게 삶이 힘든지, 자신을 돌아볼 필요가 있다. 자신의 고집과 자만이 자신을 힘들게 하지는 않았는지, 자신의 집착과 욕심이 자신을 괴롭히지는 않았는지, 스스로 자신을 돌아보는 시간을 가졌으면 한다.
　그렇게밖에 할 수 없었던, 그때의 그 선택들은 모두 옳았다. 다만 그 선택에 대한 책임은 누구도 짊어질 수 없는, 자신만이 짊어질 수 있는 카르마의 무게이기 때문에 당신의 삶이 힘든 것이다.

카르마 종결은 자신의 삶을 이해하는 것으로부터 시작된다. 자신의 상처가 아물고 치유가 되어야 상대가 보이는 법이다. 변화는 나로부터 시작된다.

이 시대를 살고 있는 당신은 카르마의 시초이자 카르마의 종결자이다. 당신 가문의 오랜 카르마를 모두 종결하고 미래를 여는 시조가 되라!

이 책이 나오기까지 사연들을 보내주신 많은 분들께 감사의 인사를 전하고, 이 시대의 카르마 종결자들에게 이 책을 바친다.

- 태라 전난영 -

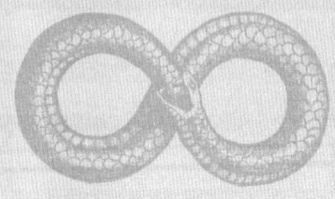

"안에서와 같이 밖에서도"